北海道
卒業設計
合同講評会
2023

はじめに

　新型コロナウイルスの流行から約3年が経ち、今年度も北海道組の活動はその影響から制限せざるを得ない部分が多くありました。その中でも、無事に北海道卒業設計合同講評会2023を開催することができました。

　今年度も道外の学生が数多く参加し、前年度に引き続き大きな盛り上がりを見せました。大学間での交流が少なかった学生たちもお互いの作品を見て、感じて、語り合い、さまざまな価値観や考え方を共有できたのではないでしょうか。

　また、会場には建築学生に限らず、幅広い年代の一般の方々も足を運び、多くの人々を引き付け、つなげる力が建築にはあると改めて実感する機会にもなりました。

　レクチャーシリーズでの講演や講評会の審査を引き受けていただきました先生方、ご指導いただきましたアドバイザリーの皆様、そして、参加していただいた皆様に心からの感謝と御礼を申し上げます。また、新入生説明会から合同講評会の記録誌である本作品集の発行に至るまで、多大なご支援とご協力をいただきました総合資格 代表取締役の岸和子様、同学院札幌校、同出版局の皆様に御礼申し上げます。

北海道組14期 組長
佐竹 直

　総合資格学院は、建築の世界を志す学生の方々が志望の進路に突き進むことができるよう、さまざまな支援を全国で行っています。卒業設計展への協賛やその作品集の発行、建設業界研究セミナーなどは代表的な例です。

　本年も、「北海道卒業設計合同講評会」に協賛し、本設計展をまとめた作品集を発行いたしました。コロナ禍の制限が徐々に緩和される中、本年も北海道の学生だけでなく、道外からの出展が多数あり、20を超える力作が会場に集い展示できたことを大変嬉しく思います。また、講評会では全ての作品にプレゼンテーションの機会が与えられ、審査員と直接対話できたことは、学生の皆様にとって今後の大きな糧となることと思います。

　本書では、皆様の4年間の成果である卒業設計作品を詳細に紹介し、また、審査の様子をまとめた講評会レポートも収録しました。後輩の皆さんや、建築を学ぶ学生の方々に広く読み継がれることを願っています。そして「北海道卒業設計合同講評会2023」に参加された皆様、また本書を読まれた方々が、将来、家づくり、都市づくり、国づくりに貢献されることを期待しています。

総合資格 代表取締役

岸 和子

CONTENTS

［開催主旨］

建築学生同盟 北海道組が主催となり、建築を学ぶ学生たちの卒業設計を、学校という枠を越えて、道内外の建築家の方々にご講評いただきます。それにより、より深く自分の設計した建築と向き合う機会を設けること、学生同士が作品を通して刺激し合うことを目的としています。

［主催］

建築学生同盟 北海道組

［協賛］

（株）総合資格／総合資格学院

［応募概要］

応募資格：大学・専門学校で建築を学び、2023年3月に卒業見込みの卒業設計に取り組んでいる全国の学生。個人・グループの参加は問いません。道内在住者に限りません。

［日程］

2023年3月21日(火)〜26日(日) 作品展示
2023年3月25日(土) 講評会 12:00〜18:00／表彰式 18:00〜18:30

［会場］

札幌市資料館

［審査員］

五十嵐 淳　五十嵐淳建築設計事務所 代表
中山 英之　中山英之建築設計事務所 主宰／東京藝術大学 准教授
畝森 泰行　畝森泰行建築設計事務所 主宰
萬代 基介　萬代基介建築設計事務所 主宰

Chapter 1　審査員紹介
　　　　　　　講評会レポート

Critique Introduction
Competition Report

審査員紹介

1970 北海道生まれ
1997 五十嵐淳建築設計事務所設立

五十嵐 淳
Jun Igarashi

五十嵐淳建築設計事務所 代表

1972 福岡県生まれ
1998 東京藝術大学建築学科卒業
2000 東京藝術大学大学院修士課程
     修了
2000-07 伊東豊雄建築設計事務所
2007 中山英之建築設計事務所設立
2014- 東京藝術大学准教授

中山 英之
Hideyuki Nakayama

中山英之建築設計事務所 主宰／
東京藝術大学 准教授

1979 岡山県生まれ
2005 横浜国立大学大学院修士課程
     修了
2002-09 西沢大良建築設計事務所
2009 畝森泰行建築設計事務所設立

畝森 泰行
Hiroyuki Unemori

畝森泰行建築設計事務所 主宰

1980 神奈川県生まれ
2003 東京大学工学部建築学科卒業
2005 東京大学大学院工学系研究科
     建築学専攻修士課程修了
2005-11 石上純也建築設計事務所
2012 萬代基介建築設計事務所設立

萬代 基介
Motosuke Mandai

萬代基介建築設計事務所 主宰

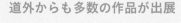
道外からも多数の作品が出展

　やや寒さが戻ってきたものの、春の訪れももうまもなくという3月25日（土）、北海道・札幌市にて、『北海道卒業設計合同講評会2023』が開催された。本設計展を主催するのは建築学生同盟 北海道組。道内の大学の学部1年生〜4年生で構成され、今年度で14期目となり、大学間の垣根を越えて活躍している。たとえば「レクチャーシリーズ」では、道内外からさまざまな建築家の方々を招き、道内の建築学生に学びの場を提供するだけでなく、一般の方々にも建築に触れる機会を創出。また、学部3年生以下を対象とした「北海道建築新人戦」など、建築学生が学外の作品と競い合い切磋琢磨し、交流する場をつくり出してい

北海道の各大学、また道外からの作品も加わり、卒業設計24作品が札幌で競い合った合同講評会。4名の建築家たちが審査員を務め、出展学生の作品に込めた想いを掘り下げ、さまざまな観点から批評する。最優秀賞の栄冠に輝くのはどの作品か!?

2023年3月25日(土) 12:00〜19:00
会場：札幌市資料館

る。その活動の中でも最大のイベントとなるのが本設計展。例年、道内の建築学生だけでなく、道外からも数多くの作品が出展する、北海道で最大規模の卒業設計講評会であり、毎年大きな盛り上がりを見せている。コロナ禍の2021年以降も、本設計展では万全の感染症予防対策をしたうえで、作品が一堂に会する対面での講評会を続けており、全国的な注目度も年々高まっていると言えるだろう。

全員がプレゼン・質疑応答に挑む

今年の講評会の会場は、ここ数年使用していた札幌文化芸術交流センターから舞台を変え、札幌市資料館。札幌軟石を建材として使用した、1926年竣工の

歴史ある建物であり、もともとは札幌控訴院であったため、レトロで重厚な趣の中、学生たちの卒業設計が展示されることとなった。

審査員を務めるのは、北海道組のアドバイザリーで北海道を代表する建築家の五十嵐淳氏（五十嵐淳建築設計事務所代表）。ゲスト審査員として、中山英之建築設計事務所主宰・東京藝術大学准教授の中山英之氏、畝森泰行建築設計事務所主宰の畝森泰行氏、萬代基介建築設計事務所主宰の萬代基介氏の3名。第一線で活躍し、さまざまな視点を持つ建築家たちが、多様な観点から出展作品を批評する。

本講評会では、最初に一次審査としてポスターセッション形式の巡回審査を実施し、二次審査に進む作品を選出する予定だった。しかし、24作品全てと時

間を掛けて対話し議論したいという審査員たちの意向により、一次審査は実施せずに、出展者全員が二次審査会場にて、一人一人プレゼンすることとなった。持ち時間は1作品につき、プレゼン3分と質疑応答10分の計13分。ポスターセッションでは短い時間のため、自分の作品を説明し、そこに込めた想いを伝え切るのが難しいが、今回の講評会では十分な時間を与えられて、

著名な建築家である審査員たちと対峙し議論を交わすことができる、学生たちにとっては大変貴重な機会となった。会場である札幌市資料館のミニギャラリーは、出展者たちとオーディエンス、北海道組のスタッフでいっぱいとなり、熱気あふれる中、北海道組14期組長の佐竹直さんより「北海道卒業設計合同講評会2023」の開会の挨拶が述べられ、いよいよ講評会の審査が幕を開けた。

24作品を吟味する、長丁場の審査

審査では、出展者たちはスクリーンに映されたスライド資料を用いて、自身の提案で何をしたいのか、熱意を込めて作品をプレゼンする。模型は一つずつ展示会場から審査会場へと運ばれ、プレゼンを聞きながら

審査員が模型を細部までチェックすることもあれば、手元資料をじっくりと読み込むことも。文字通り審査員との距離が非常に近く、出展者たちは緊張の色を見せつつもしっかりと想いを伝えていく。そして質疑応答ではプレゼンの内容を踏まえて、疑問点や問題点が指摘され、プレゼンでは伝わり切らなかった部分がさらに掘り下げられていく。審査員から投げかけられる言葉は時に厳しく、時に暖かく、実り多い議論が展開し濃密な時間が流れていった。

「この敷地でなくても良いのではないか。この場所だからこそできることは何なのか」

「誰が建物を管理するのか、誰が運営するのか」

「本当にこの土地の人たちが求めているものができているのか」

出展者たちはさまざまなツールを駆使して質問に答

え、時に言葉に詰まることがありつつも、懸命に作品の細部まで伝えようとする。24作品を一つずつ吟味していく審査は長丁場となり、全作品のプレゼン・質疑応答を終える頃には窓の外は真っ暗。当初予定していた終了時間を大きく超過するほどの熱のこもった講評会となった。

審査員全員の票を集め、最優秀賞決定

　全ての議論を終えて、いよいよ最優秀賞と各賞を決めるべく最後の投票を迎える。ここでは、各審査員が推薦する5作品に票を投じ（五十嵐氏のみ7作品に投票）、異論が無ければ、得票数の最も多い作品が最優秀賞となる。出展者とオーディエンスが固唾をのんで見守る中、投票結果は……

　最多得票は審査員全員から票を集めた、No.15舘衿花さん（明治大学）。審査員からの異論はなく、満場一致で最優秀賞に決定した。次に多くの票を得たのは、No.2奥野柊也さん（北海道科学大学）、No.8増田啓佑さん（北海道大学）、No.13茂崎秀祐さん（北海道大学）の3名。優秀賞は2作品のみ選出のため、これら3作品について改めて一つずつ各審査員の意見を集約していった結果、No.8とNo.13が優秀賞に決定。

　会場の閉館時刻が迫る中執り行われた授賞式では、各賞の受賞者たちへ温かく盛大な拍手が贈られた。そして最後は、閉館後の札幌市資料館の外で記念撮影というハプニングもありつつ、盛会の中、『北海道卒業設計合同講評会2023』は幕を閉じた。

最終投票　得票作品

No.	出展者		作品名	五十嵐	中山	畝森	萬代	合計
2	奥野 柊也	（北海道科学大学）	植物園の閾あるいは、都市の孔	○	○	○		3
3	鈴木 亮汰	（室蘭工業大学）	Showroom+〜ing	○				1
6	谷敷 広太	（室蘭工業大学）	器とフィルター				○	1
8	増田 啓佑	（北海道大学）	愛着の装飾		○	○	○	3
9	中村 桜子	（芝浦工業大学）	欲望の充填				○	1
12	松永 貴志	（早稲田大学）	社会の狭間を漂う	○				1
13	茂崎 秀祐	（北海道大学）	彫刻と都市	○		○	○	3
15	舘 衿花	（明治大学）	帰還動物園	○	○	○	○	4
16	茂木 真琴	（明治大学）	microbioscape			○		1
18	渡邊 智帆	（北海学園大学）	E-cycle plant		○			1
20	針生 智也	（金沢工業大学）	映画的建築術	○				1
21	木下 はるひ	（室蘭工業大学）	ウチとハコ	○				1
22	並木 佑磨	（芝浦工業大学）	電脳極界試論		○			1

受賞作品	最優秀賞	No.15	舘 衿花 （明治大学）	帰還動物圏
	優秀賞	No.13	茂崎 秀祐 （北海道大学）	彫刻と都市
	優秀賞	No.8	増田 啓佑 （北海道大学）	愛着の装飾
	五十嵐淳賞	No.21	木下 はるひ （室蘭工業大学）	ウチとハコ
	中山英之賞	No.2	奥野 柊也 （北海道科学大学）	植物園の閾あるいは、都市の孔
	畝森泰行賞	No.16	茂木 真琴 （明治大学）	microbioscape
	萬代基介賞	No.9	中村 桜子 （芝浦工業大学）	欲望の充塡
	総合資格賞	No.22	並木 佑磨 （芝浦工業大学）	電脳極界試論

Chapter 2　受賞作品紹介

Award Winning Works

帰還動物圏

舘 衿花　Erika Tate
明治大学　理工学部　建築学科

構想／制作期間
6カ月／2週間

プログラム
環境装置

敷地
福島県双葉郡双葉町

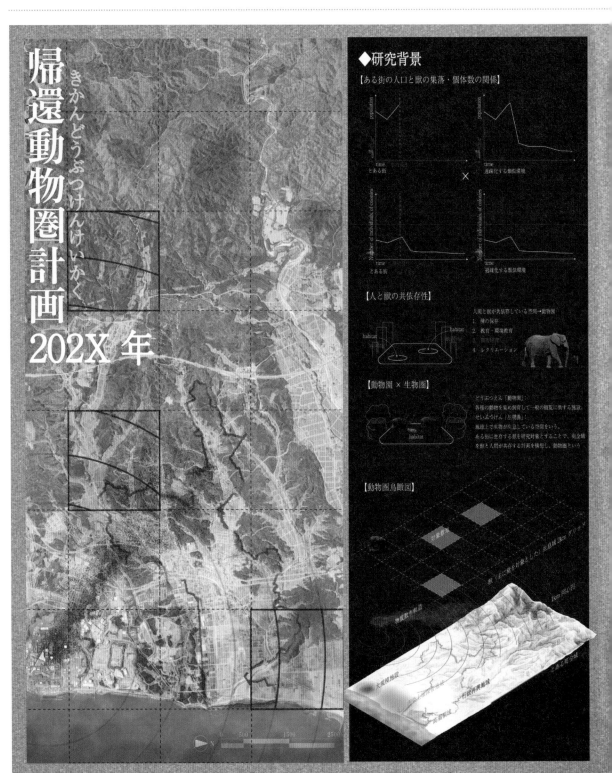

2011年に発生した事故で街全域が人の出入りを禁止した区域がある。事故から5年も経たずしてその街は「獣の楽園」と呼ばれるように。事故前は人間と獣の集落は非常に近い距離感で存在していた。これはある種の共依存関係である。事故後10年経過すると獣は楽園を見捨て、別の場所に移動し繁殖した。内部被曝した獣の殺処分は通常よりも労力がかかるが、自然に

過ごすことで徐々に被曝量が下がる。生存区域から離れた獣を元に戻すため、除染済みの汚染土を利用してメッシュ素材のトロフィー型に誘因装置を一定のピッチで設置。主な3敷地の原発施設から広がる同心上に設置する。人間との特殊な関係性を生かした計画をオルタナティブ的に提案、両者がそれぞれの拠点で共存する形で動物圏は始動していく。

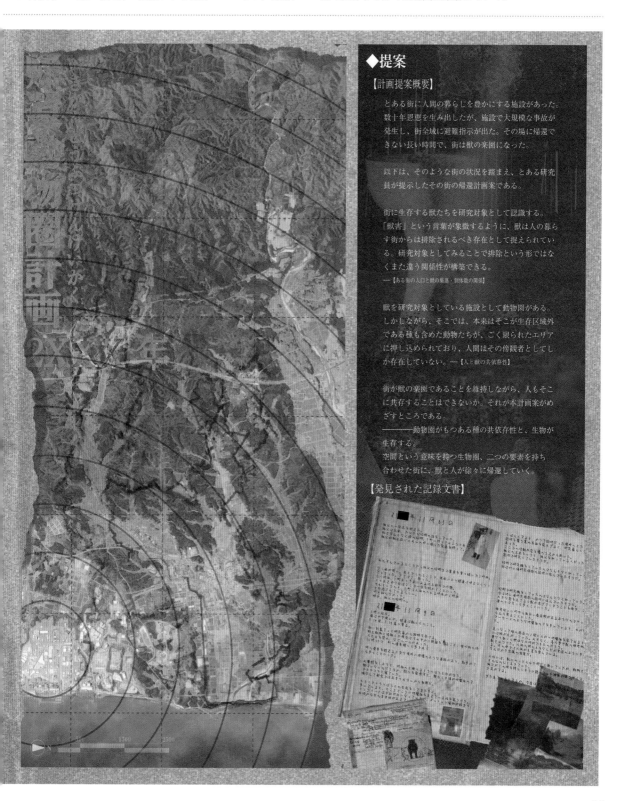

◆提案

【計画提案概要】

とある街に人間の暮らしを豊かにする施設があった。数十年恩恵を生み出したが、施設で大規模な事故が発生し、街全域に避難指示が出た。その場に帰還できない長い時間で、街は獣の楽園になった。

以下は、そのような街の状況を踏まえ、とある研究員が提示したその街の帰還計画案である。

街に生存する獣たちを研究対象として認識する。「獣害」という言葉が象徴するように、獣は人の暮らす街からは排除されるべき存在として捉えられている。研究対象としてみることで排除という形ではなくまた違う関係性が構築できる。
── 【ある街の人口と獣の集落・個体数の関係】

獣を研究対象としている施設として動物園がある。しかしながら、そこでは、本来はそこが生存区域外である種も含めた動物たちが、ごく限られたエリアに押し込められており、人間はその傍観者としてしか存在していない。── 【人と獣の共依存性】

街が獣の楽園であることを維持しながら、人もそこに共存することはできないか。それが本計画案がめざすところである。
────動物園がもつある種の共依存性と、生物が生存する。
空間という意味を持つ生物圏、二つの要素を持ち合わせた街に、獣と人が徐々に帰還していく。

【発見された記録文書】

帰還動物圏計画
きかんどうぶつけんけいかく

とある街は突発的な大規模施設の事故により
人を街から一瞬で退去させた。
獣は街から退去せず、人のいない街を謳歌し
獣の楽園を形成する。

人間が開拓した街を今まで除外していた自然に
侵食される。
──建築史上初の出来事にどう挑むか。
その記録をまとめたものである。

事故発生

「獣の楽園」

街から人間の姿が忽然と消えた。
獣たちは恐る恐る街へと繰り出すが
そのうち警戒せず闊歩しだす。

やがて街は獣の楽園となり、街並みには
異様な光景が広がる。

自然に侵食されていく街はいずれまた
人間により再開拓されていくのだろうか。

「獣の帰還」

獣の楽園も徐々に崩壊していく
人間の帰還も提案されていく中で
獣の帰還も促す。

人間が突如として消えた
街並みをもう一度再構築
する工程は、人間のみ
ではなく獣を解決していく。

Phase 01;
獣と人間の集落の関係性

2km

Phase 02;
獣の帰還

徐々に帰還

研究対象

16

「動物圏始動」

「楽園」

◆記録　年表

人間と獣、両者の存在を認め合いながら過ごす中で地域ごとに特色を持った動物圏が現れ始める。

街全域で徐々に動物圏の考え方は浸透していき、自然と融合した新しい街並みを構築することに成功する。

そこには事故発生からまもなく皮肉の意味もこめて使用されていた獣の楽園はなく両者が違いの存在を認め合う楽園＝動物圏が成立していた。

Phase 03;
誘因装置 / 境界線

Phase 04;
立体境界 / 人工地盤

Phase 05;
獣と人間の関係性の変化

彫刻と都市

茂崎 秀祐　Shusuke Mosaki

北海道大学　工学部　環境社会工学科

構想／制作期間
4カ月／1カ月

プログラム
美術館／劇場／バスターミナル

敷地
札幌市大通

立体 /1100×550×400/ ミクストメディア /(fig.1)

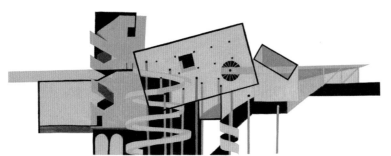

コンセプトドローイング /(fig.2)

彫刻と都市

　彫刻は内部は空虚なものだとされることがあるが、その機能のない彫刻的要素が構成されて建築になり、それが都市を形成しているという感覚がこの作品を制作した動機である。そのような彫刻が体積をもつ故に生じる、予期していたものとのズレを参照して構成を行った。

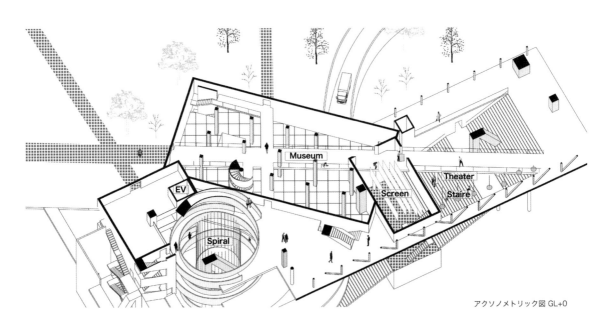

アクソノメトリック図 GL+0

機能のない彫刻的要素が構成されて建築になり、それが都市を形成しているという感覚がこの作品を制作した動機である。そのような彫刻が体積を持つ故に生じる、予期していたものとのズレを参照して構成を行った。札幌大通り東のバスターミナルや劇場のある街区を再構築し、それらの用途に加えて彫刻美術館や地下歩道を付加した地下空間を設計した。彫刻的建築要素のドローイングのコラージュや抽象画によって構成した。劇的な演劇性を孕んだ動線空間を人間が多様な交点を持ったズレの空間内で行き交うことで主客が曖昧になり、私が何者であるかを考える契機になる。これは莫大で均質化された都市空間を行き交う矮小なヒト・モノのアイデンティティの欠如を解消する装置となる。

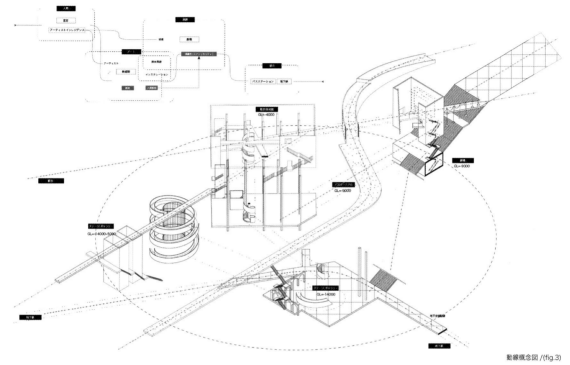

動線概念図 /(fig.3)

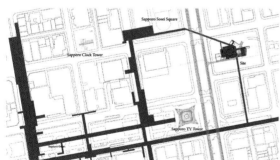

地上・地下の関係 /(fig.4)

設計敷地は札幌大通りの東にあり、バスターミナルや劇場のある街区を再構築し、それらの用途に加えて彫刻美術館や地下歩道を付加した地上、地下空間を設計した。

彫刻的建築要素のドローイングのコラージュや抽象画によって構成した。劇的な演劇性を孕んだ動線空間を人間が通過し、人間・人間彫刻・舞台演者が多様な交点をもったズレの空間内で行き交うことで主客が曖昧になり、私が何者であるかを考える契機になり、つまりは世界の同質化を解消する装置となる。

現代において床面積の最大化を優先する再開発は都市に物理的にも内部の活動的にも同質性をもたらした。一般的な既存の人間（なるものが存在する）という幻想に囚われた、あるいはその幻想を大衆に押し付けようとする隠れた力に導かれた、慣習や制約によるデザインや予定調和の意識を起こさせている。予期とは、過去を手がかりに未来に起こりうる出来事を想定することであり、現在を過去と未来という二つの方向に結びつける契機である。ヴァレリーにとって予期とは、単に起こりそうなことを予期するのではなく、たとえば、多かれ少なかれ隠された構築物の崩壊、実現せず打ち砕かれた予期である。予期されていたのと異なる出来事に出会うことは、世界と主体のあいだの「ズレ」に出会うことである。予期が行為の機械という身体的な準備としてなされていたために、まずはこの無効になった機械を分解しなければならない、再構成＝適応はそのあとである。まずは行為をなすもの、あるいは行為をなす人間を再構築しなければならない。

展示される場に依存することで成立する鑑賞の体験や、作品を享受するため持続的な時間が必要となることや、照明の効果などにより、舞台上にいる役者と客席にいる観客という劇場（シアター）の構造に似た演劇的効果（シアトリカリティ）が現れる。

外観からでは想定し得ない内部構造は、鑑賞者（この場合は利用者）に予期せぬズレを生じさせ、不整合な彫刻的要素からなる空間は演劇性を孕むものとなる。コンポジションの安定性を期待する鑑賞者を裏切ることとなり、結果として、不整合な感覚を鑑賞者に植え付ける。斜めの方向性は、作品に完結性あるいは統一性の生まれることを排除することに関与している。以上の性質をもつ彫刻家アンソニーカロの精神性を引用している。

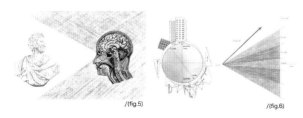

/(fig.5)　　　/(fig.6)

都市のコラージュ /(fig.7)

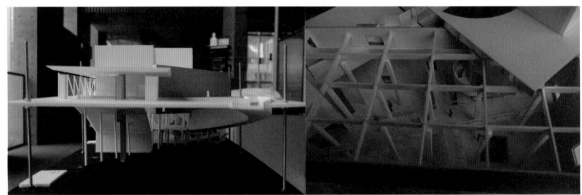

立体 /1100×550×400/ ミクストメディア /(fig.8)(fig.9)

客席あるいは大階段 / (fig10)

螺旋スロープあるいはギャラリー /(fig.11)

台座あるいはステージ /(fig.12)

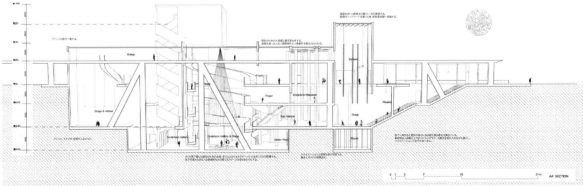

断面図 /(fig.13)

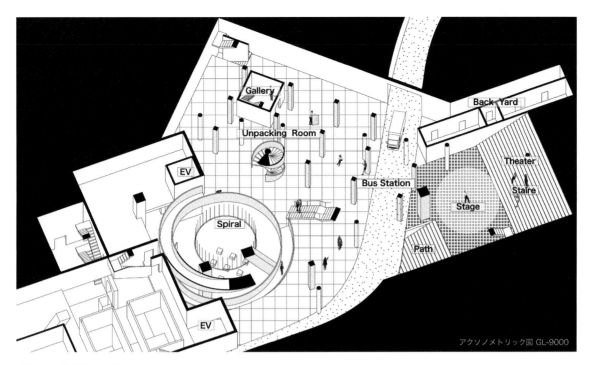

アクソノメトリック図 GL-9000

通路を歩くと劇場上の簀（スノコ）を貫通する。

劇場のバックヤードを通った後、彫刻美術館へ到達する。

彫刻のための大規模な展示室を有する。

通路を通った人は人間彫刻のもつ演劇性を植え付けられる。

バスステーションと荷解き室が同居し、高速バスやトラックのような異質でコンテンポラリーなモノが人間の動線に交差する。

舞台とボイドの劇的な空間が垣間見える。(fig.10)

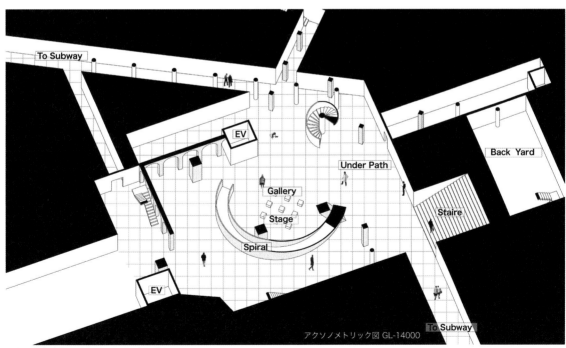

アクソノメトリック図 GL-14000

地下へ伸びる大階段の途中にある踊り場は舞台を兼ねている。

解放時は人は舞台上でのコンテンポラリーな動きを受け入れながら通行し、バスステーションや地下

歩道へ至る。(fig.9)

ボイド最下層には彫刻のための台座、または人のためのステージとなるボックスを配置する。(fig.11)

地下歩道から来る人は象徴的な光の降りるステージを目の当たりにする。

優秀賞

愛着の装飾

増田 啓佑　Keisuke Masuda
北海道大学　工学部　環境社会工学科

構想／制作期間
3カ月／2週間
プログラム
複合施設
敷地
新潟県上越市南本町

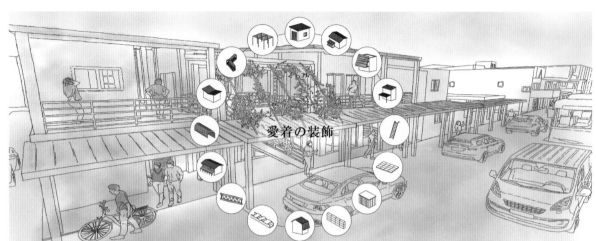

愛着の装飾

■雁木通り（新潟県上越市南本町）

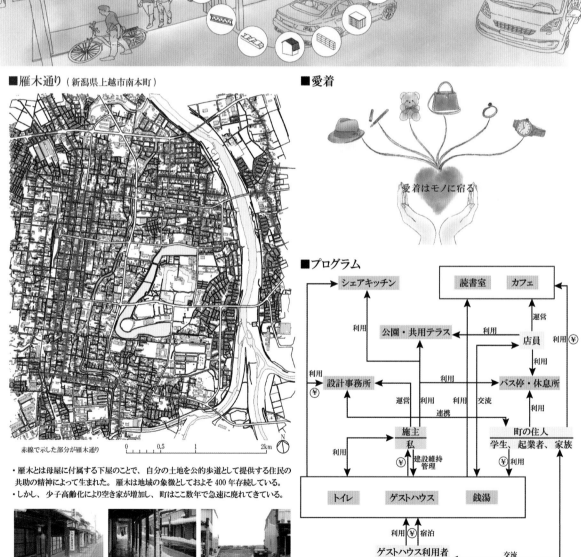

赤線で示した部分が雁木通り

0　　　0.5　　　1　　　　　　2km

・雁木とは母屋に付属する下屋のことで、自分の土地を公的歩道として提供する住民の共助の精神によって生まれた。雁木は地域の象徴としておよそ400年存続している。
・しかし、少子高齢化により空き家が増加し、町はここ数年で急速に廃れてきている。

雁木通り　　　冬の雁木通り　　　雁木通りの空地

■愛着

愛着はモノに宿る

■プログラム

ヒトはモノに対して愛着を抱く。また、そのモノに名前を与えることで、愛着はより一層強まり、大切に扱われ持続性を獲得する。建築を身体スケールにまで分解し、それらをモノとして扱うことができれば、モノの集合体である建築にも同様の愛着が抱けるのではないだろうか。地域に内在する建築要素に名前を与え、それらを既存建築に組み込むことで、それぞれの個が場を立ち上げるほどの強さを持った、秩序に縛られない世界を目指した。そのようにしてつくられた建築は、多様な価値観がうごめき、全体性を持たない複層的で流動的な世界をつくり出すと考える。本作品は新潟県上越市を舞台に、この仮説の立証を試みた思考実験的挑戦である。

■設計手法　愛着を担った建築要素の生成プロセス

町に内在する建築要素を抽出し、固有名詞（町に関連のある言葉）を付ける。このプロセスによって生成された要素は、町の愛着を一身に受けるモノとなり、それぞれに作家性が与えられる。要素に命名された固有名詞は地域の言語となり、言語の共有によって住民の建築リテラシーの向上を期待する。

朱鷺　＋　偏心屋根　⇒　トキの翼

離れ／梯子／雁木／物干しフレーム／吊り屋根／鋼板／直交した離れ／ブレース

片側腰折れ屋根／排煙塔／雪吊り／風除室／雁木のゲート／石畳／溝渠にかかる鋼板／雨樋

莫蓙の幕／急勾配招き造り／屋根付きバルコニー／擁壁／反射ガラス格子窓／水平連続窓／煉瓦の塀／偏心屋根

石垣／水平ブレース／屋根付き階段／雪除けポリカーボネート／雪除け／ポリカーボネートテラス／コンテナ離れ／テラス付き玄関

バタフライ屋根／木格子／湾曲した庇／ヴォールト／屋上テラス／屋根付き資材置場／塔屋／急勾配側桁階段

ヒガン離れ／鐘行き梯子／雁木／虫川フレーム／跳ね馬屋根／ハル離れ／旅休め／バッテンブレース

4・4・9屋根／櫓屋根／雪除け蝋燭／ハレ室／瞽女抜け道／石張り街道／蓮の葉板／雨玉管

野ばら板／2・7屋根／屋根付き世界／陸軍防壁／五郎八鏡／並木窓／人追いレンガ／トキの翼

積み隕石／春日山フレーム／釜蓋階段／管玉板／雪青苧／ヒスイケース／飴板／どぶね小屋

ギフチョウ屋根／三味線格子／勾玉屋根／吹上トンネル／屋上桶／翁小屋／ボンボリ屋根／レルヒの鼻先階段

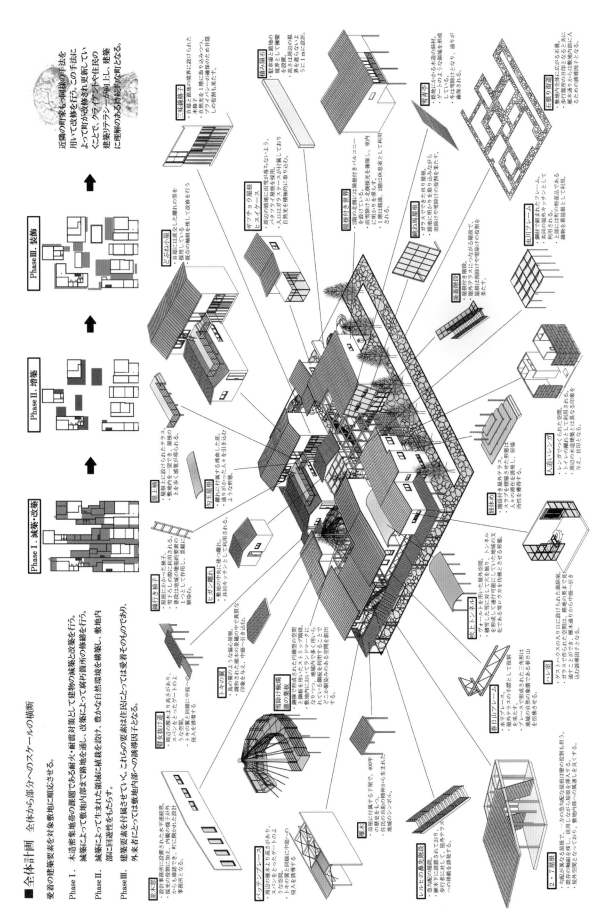

■全体計画　全体から部分へのスケールの横断

愛着の建築要素を対象敷地に順応させる。

Phase I. 木造密集地帯の課題である耐火・耐震対策として建物の減築を改築を行う。減築によって敷地内部まで路地を通し、改築によって腐朽箇所の修繕を行う。

Phase II. 減築によって生まれた領域に植栽を設計し、豊かな自然環境を構築し、敷地内部に回遊性をもたらす。

Phase III. 建築要素を付属させていく。これらの要素は住民にとっては愛着そのものであり、外来者にとっては敷地内部への誘導因子となる。

Phase I. 減築・改築　　Phase II. 増築　　Phase III. 装飾

近隣の町家と同様の手法を用いて改修を行い、この手法によって町並みが改修され更新していくことで、グラデーションや住民の建築リテラシーが向上し、建築に理解のある街が持続的に広がっていく。

1階平面図

2階平面図

南側立面図

設計事務所

バス停前

休息所

広場

五十嵐淳賞

ウチとハコ

―冬を旨とした住宅から四季を感じる住宅へ―

木下 はるひ　Haruhi Kinoshita

室蘭工業大学　理工学部　創造工学科

構想／制作期間
4カ月／2カ月

プログラム
集合住宅

敷地
北海道札幌市手稲区西宮の沢

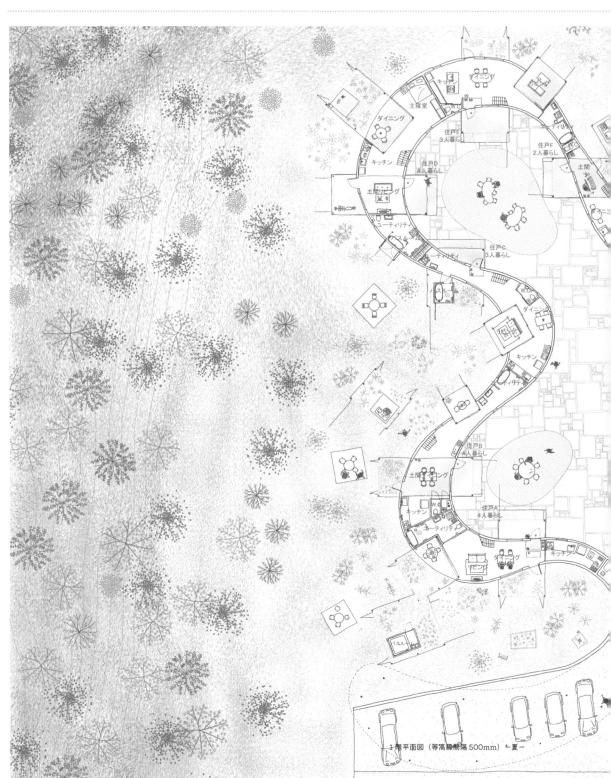

1階平面図（等高線間隔 500mm）　―夏―

北海道には明瞭な四季があり、豊かな自然環境がある。しかし、現代の北海道の暮らしは、冬の寒さから身を守り効率的に暮らすため、豊かな外部環境から完全に切り離された自律的な建築になってしまっているように思う。そこで本計画では、北海道の豊かな外部環境に身をゆだねた空間を持つ他律的な集合住宅を提案する。現在の住宅を参照した断熱空間、身を守る"ウチ"と、断熱ラインの外である半外部空間、ほんの少しだけ身を守る"ハコ"で全体を構成する。ハコ内に響く雨音や一年中育つ植物、森から抜ける風や溜まる光など日々変化する季節や移ろい続ける環境に目を向けながら住民は暮らしている。

ウチとハコ
- 冬を旨とした住宅から四季を感じる住宅へ -

冬を旨とし、閉じられてきた北海道の住環境。
もっと外部環境と密接した暮らしはできないのだろうか。
北海道の豊かな自然環境の変化を受け入れ、暮らし方が変化する住環境の提案。

0 1 2   5   10 (m)

01　冬を旨とした北海道の暮らし

北海道は冬の寒さが厳しく、寒さから身を守るために冬を旨とした家づくりが行われてきた。一般的に小さな開口部や玄関先の風除室、質素な外部で構成され、一年を通して北海道の暮らしは外部環境から切り離されているように感じる。

小さな開口部　　　　風除室　　　　　質素な外部

02　四季を感じる住宅 - ウチとハコ -

北海道において外部環境に身をゆだね、開放性を持った集合住宅を提案する。ウチは現在の住宅を参照した断熱された内部空間とし、ハコがウチを覆ったり、重なったり、離れたりすることで全体を構成する。

覆う　　　　　　　重なる　　　　　　離れる

03　森と街の境界に住まう - 北海道札幌市 -

北海道札幌市手稲区にある手稲山と隣接する住宅地を敷地とする。札幌市はこのような都市に住みながらも豊かな自然に囲まれて生活できる場所が多くある。

04　ウチを介して森と街を行き来する

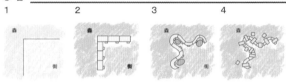

森と街の境界にある敷地

全ての世帯が森と街に接するようにヴォリュームを配置する

ヴォリュームを湾曲し、住民同士の適度な距離感をつくる

風除室が肥大化したガラスのボックスを点在させる

05　住民の夏の暮らし - 北海道の冷涼な夏を快適に住まう -

住戸G　断面図

住戸G　ダイニング　　内部、半外部、外部が森に向かって重なり、内外の感覚が曖昧になる。

住戸G　一階平面図

住戸H　内庭をみる　　大きな開口部を開けると森から風が吹き、森と一体化した空間となる。

西側立面図

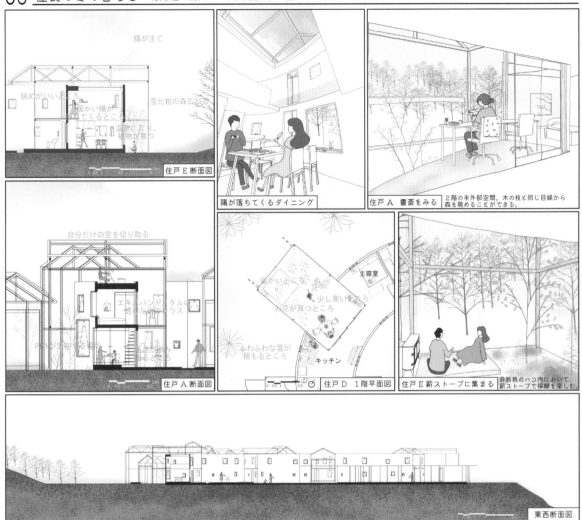

住戸E断面図

陽が注ぐ

眺めがいいところ

暖かい陽が入ってくるところ

雪化粧の森広がる

温室になり、植物が育つ

陽が落ちてくるダイニング

住戸A 書斎をみる

2階の半外部空間。木の枝と同じ目線から森を眺めることができる。

自分だけの空を切り取る

エキスパンドメタルの透けたテラス

住戸A 断面図

暖かいところ

少し寒いところ

お花が育つところ

ふわふわな雪が積もるところ

主寝室

キッチン

住戸D 1階平面図

住戸E 薪ストーブに集まる

非断熱のハコ内において、薪ストーブで採暖を楽しむ。

東西断面図

街側から森側をアイレベルから見る

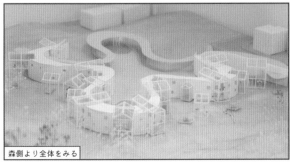

森側より全体をみる

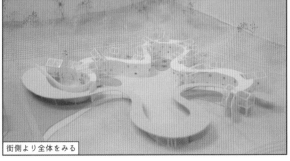

街側より全体をみる

中山英之賞

植物園の閾あるいは、都市の孔

奥野 柊也　Shuya Okuno
北海道科学大学　工学部　建築学科

構想／制作期間
11カ月／1カ月

プログラム
広場・プロムナード

敷地
北海道大学北方生物圏フィールド科学センター植物園

北海道大学植物園は札幌都市の中心部に位置し、明治期以前の札幌の自然を現在に伝える貴重な存在である。しかし、その周辺に張り巡らされている柵や塀によって都市空間からは隔てられており孤立している。この閉鎖性を解きほぐし、植物園と都市とのあいだにゆとりのある関係を築くことはできないだろうか。

植物園の閉まるは、都市の札

北海道大学植物園は、札幌都市の中心部に位置し明治期以前の札幌の自然の姿を現在に伝える貴重な存在である。しかし、その周辺に張り巡らされる塀の閉鎖性によって都市空間から網を断ち切り孤立している。この閉鎖性をもちながら、植物園と都市のあいだにゆるやかな関係をきずくことはできないだろうか。

敷地について

4周囲われているうちの北と東通りに面する周囲の辺には、温室と一般公開されていない育雷場などがあり、植物園内の地書づかいは、バックヤード的な位置を占める。そのため、特に閉鎖性が強く、都市の中心側に面している辺地もを閉わらず都市と完全に断絶されている。この一辺付近を設計の範囲とし、可能性を探っていく。

2つの境界線

植物園の輪郭線は、都市化の動きを強制的にグリッドにこわりわけるが、都市の都合で境界が決められる。まず、植物園の都合でも境界線を決定してゆる。とりすこれこそ境界線と境界線の間が次第的に境界領域になる。

境界と境界のあいだ

不確定側面での境界の既存の岩山と池に弱結果、都市側に塀に沿いなく、塀の様々な温度のみである。この間に見えない結果と名をなまて生まれる領域は、閉まるは、札といの1つの「場」となる。

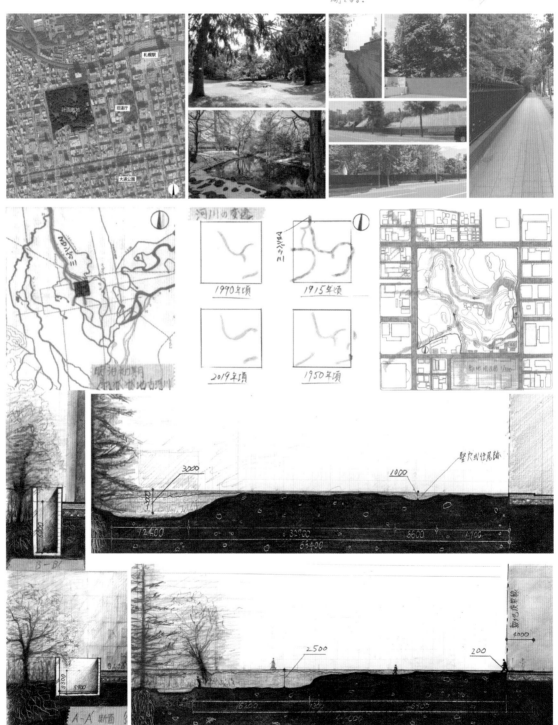

洞川の変遷

1990年頃　1915年頃
2019年頃　1950年頃

明治初期頃
札幌 市池白洞川

3000　1000　竪穴式住居跡
12400　32200　3600　14700
63400
B-B'

2500　200
都市の境界線
1000
8200
5700
A-A'断面
16200　1300　26500
A-A'

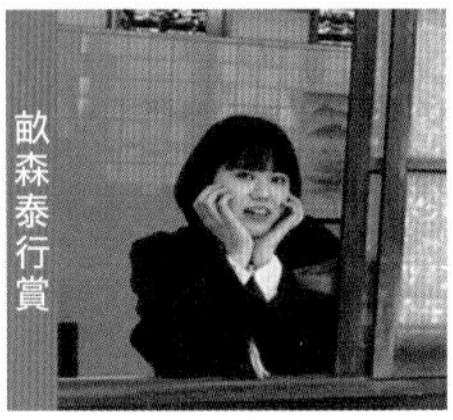
畝森泰行賞

microbioscape

茂木 真琴　Makoto Moteki
明治大学　理工学部　建築学科

構想／制作期間
7カ月／1カ月

プログラム
アパートの一室

敷地
指定無し

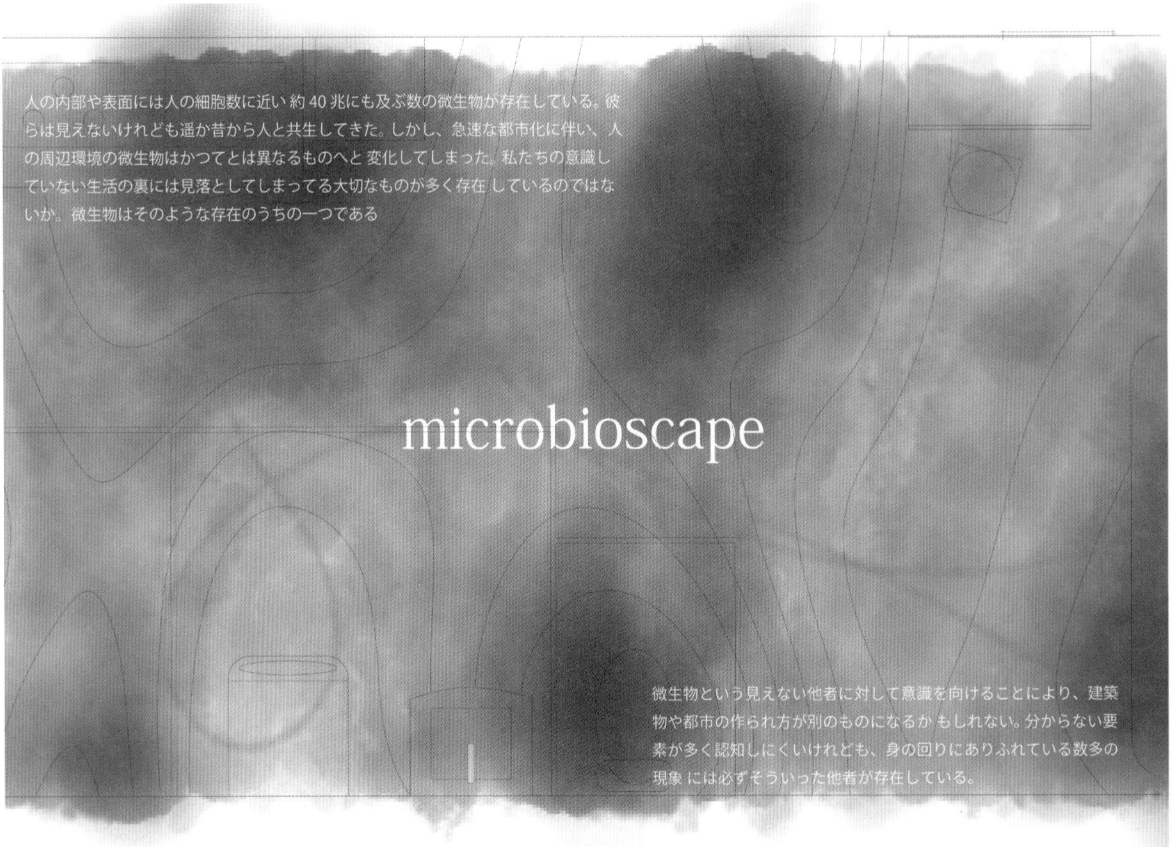
人の内部や表面には人の細胞数に近い 約 40 兆にも及ぶ数の微生物が存在している。彼らは見えないけれども遥か昔から人と共生してきた。しかし、急速な都市化に伴い、人の周辺環境の微生物はかつてとは異なるものへと 変化してしまった。私たちの意識していない生活の裏には見落としてしまってる大切なものが多く存在 しているのではないか。微生物はそのような存在のうちの一つである
microbioscape
微生物という見えない他者に対して意識を向けることにより、建築物や都市の作られ方が別のものになるか もしれない。分からない要素が多く認知しにくいけれども、身の回りにありふれている数多の現象 には必ずそういった他者が存在している。

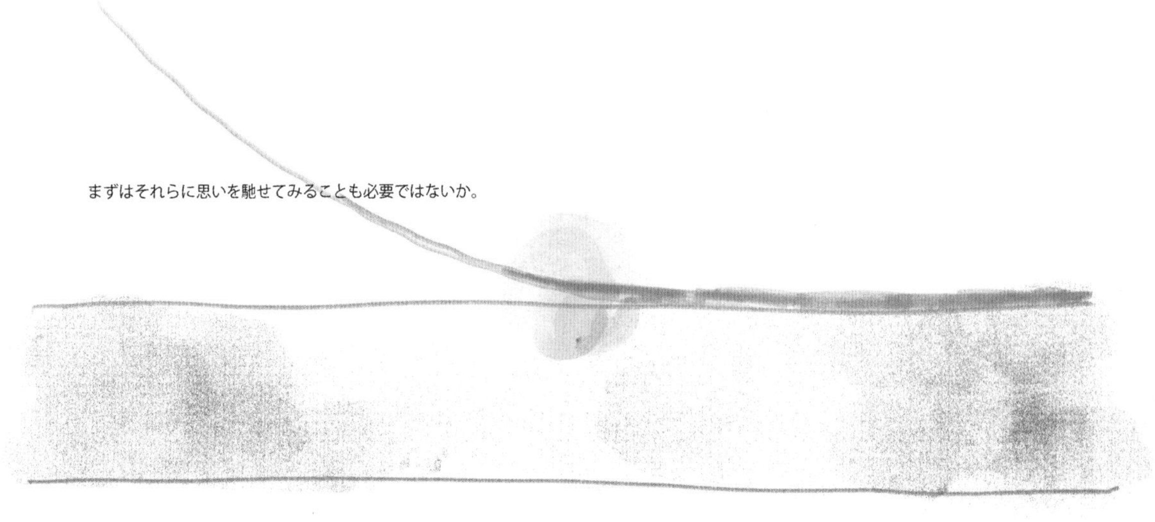
まずはそれらに思いを馳せてみることも必要ではないか。

人の内部や表面には人の細胞数に近い約40兆にも及ぶ数の微生物が存在している。彼らは見えないけれども遥か昔から人と共生してきた。しかし、急速な都市化に伴い、人の周辺環境の微生物はかつてとは異なるものへと変化してしまった。私たちの意識していない生活の裏には見落としてしまっている大切なものが多く存在しているのではないか。微生物はそのような存在のうちの一つである。微生物という見えない他者に対して意識を向けることにより、建築物や都市のつくられ方が別のものになるかもしれない。わからない要素が多く認知しにくいけれども、身の回りにありふれている数多の現象には必ずそういった他者が存在している。まずはそれらに思いを馳せてみることも必要ではないか。

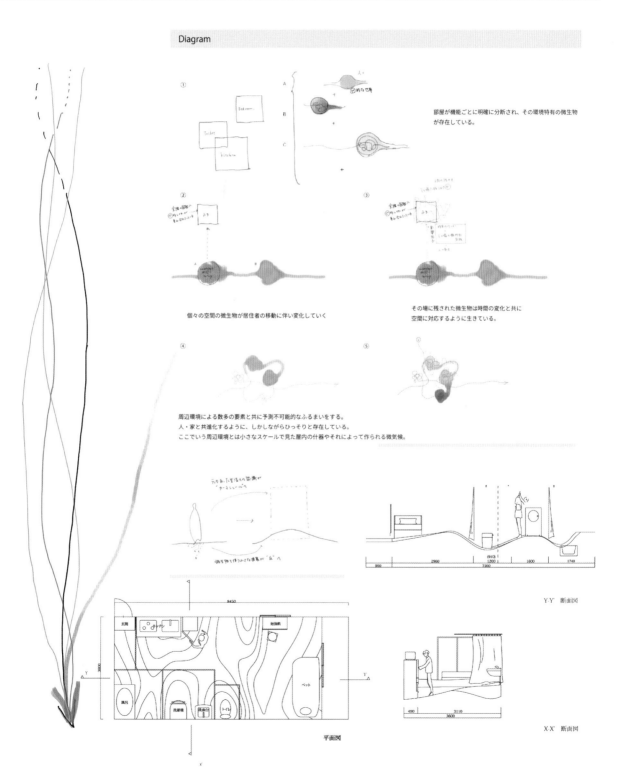

Diagram

部屋が機能ごとに明確に分断され、その環境特有の微生物が存在している。

個々の空間の微生物が居住者の移動に伴い変化していく

その場に残された微生物は時間の変化と共に空間に対応するように生きている。

周辺環境による数多の要素と共に予測不可能的なふるまいをする。
人・家と共進化するように、しかしながらひっそりと存在している。
ここでいう周辺環境とは小さなスケールで見た屋内の什器やそれによって作られる微気候。

Y-Y′ 断面図

X-X′ 断面図

平面図

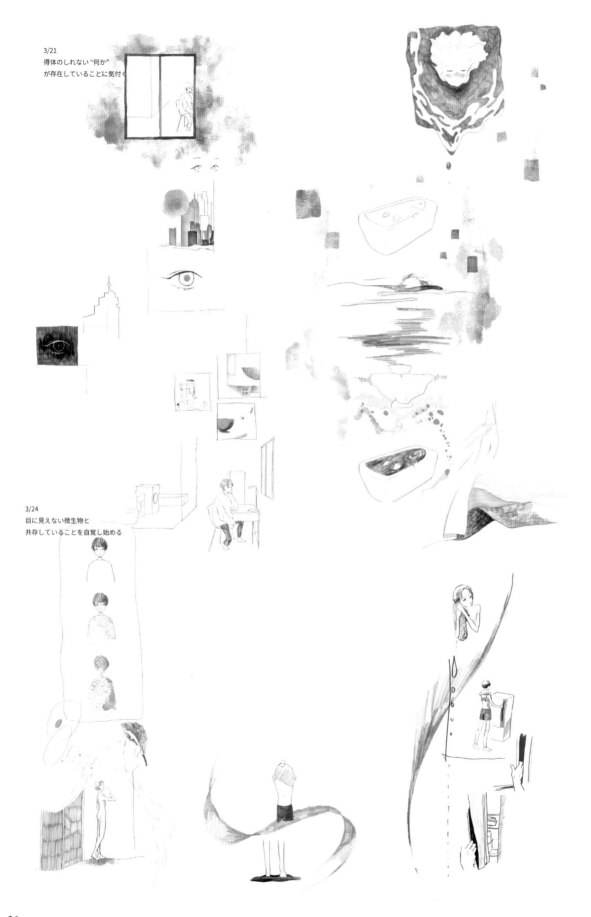

3/21
得体のしれない "何か"
が存在していることに気付く

3/24
目に見えない微生物と
共存していることを自覚し始める

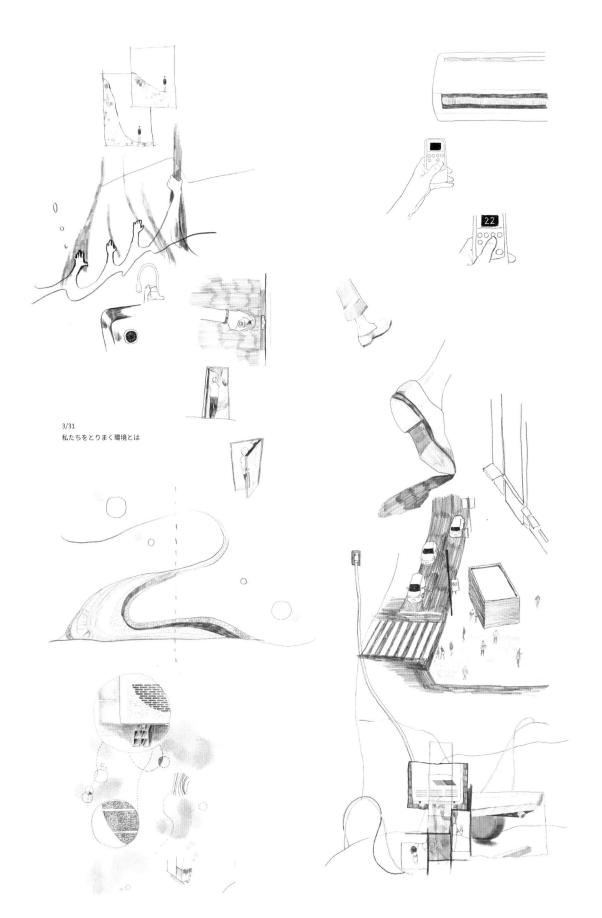

3/31
私たちをとりまく環境とは

萬代基介賞

欲望の充填
―抑圧された行為の逃げ場―

中村 桜子　Sakurako Nakamura
芝浦工業大学　建築学部　建築学科

構想／制作期間
3カ月／3週間

プログラム
複合施設

敷地
東京都台東区上野

欲望の充塡
-抑圧された行為の逃げ場-

○背景　Background
[再開発と迫害]

現代社会では、再開発により公共施設の計画・業務施設の近代化を図り、街を更新し続けることにより、都市としての機能性・経済性の向上を常に目指している。そこでは都市生活にふさわしくない行為の禁止や排除が進められ、人々の欲求は制圧された。しかし、そうして街の裏側に追いやられた行為こそ、もともと人々の生活の本質であり、街を構成する要素ではなかっただろうか。都市の新陳代謝が行われる限り、再開発に適合できない人々の居場所は狭まることとなる。

街を構成する行為　→　都市の表面からの排除

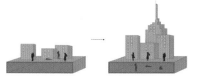

○敷地　Site
[上野]

上野駅周辺の下町情緒漂う雰囲気は、地元住民、JR（旧国鉄）、行政が協力して公的に都市計画を行ったことにより形成された。高架下空間を等間隔に細分化した狭小区画は、ショッピングモールのように一元管理されることがなく、テナントの自主性が尊重された。その結果、上野・御徒町駅周辺では、現在でも等身大で飾らない人々や店での営みが見られる。一方、高架下を活用した店舗の耐震工事が全国的に行われ、立退や休業を余儀なくされる場所が徐々に増えてきているが、上野駅周辺もその例外ではない。

[逃げ場としての上野]

上野駅周辺は昭和期から様々な理由で居場所を無くした人のための避難所として活用されてきた。関東大震災では都内最大の避難所となり、戦後には戦災者・復員軍人などがスラム街を形成した。90年代前半はイラン人不法滞在者の溜まり場となり、90年代後半から2000年代にかけては公園にブルーテント村が形成された。これらの人々の多くは上野公園を溜まり場としていた。その理由は、上野公園がターミナル駅に隣接した経済活動に無縁の場であり、社会的・経済的に資本を失った人々にとって駆け込みやすい場所であったためと考えられる。

現代社会では再開発を行うことにより、都市の機能性・経済性の向上を常に目指してきた。そこでは、都市生活にふさわしくない行為の禁止や排除が進められ、人々の欲求は制圧された。しかし、そうして街から追いやられた行為こそ、もともと人々の生活の本質であり、街を構成する要素であったはずである。開発とそれに伴い排斥される行為は、表裏一体の関係にある。

開発が都市の維持のために必要不可欠なものであるように、ウラの行為のための場を都市の中に再構することも、必要であるのではないだろうか。本設計では、敷地である上野の調査によって得られた街の特徴を都市に必要なポテンシャルと捉え、欲求を充足する行為が受け入れられる場を創出する都市のあり方を提案する。

○分析　Analysis

[敷地調査]

上野では、物の密度の高さや経済活動に留まらない人々の多様な行為などが特有の猥雑さを生み出している。路上のシーンを採集し、分析を行うことで、上野にみられる行為の場や街の「らしさ」を形成する要因を探る。

 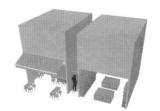

店舗のうらが動線に接する　　建物と建物、物と建物の隙間

店舗の更新速度の違いによるもの

[人の居場所]

店舗・動線と居場所の関係に着目する。敷地周辺における人の居場所を4パターンに分類した。このような居場所が発生は"店舗の更新速度の違い"、"街に点在する設備やモノの機能の読みかえ"に起因すると考えられる。

 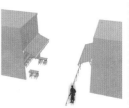

営業中の店舗の前　　　　動線に挟まれた物の近く

街に存在するものの読みかえ

[店舗の関係性]

敷地周辺の特徴として、商品の溢れ出しや路上への店舗の拡張、バックヤードの表面化が挙げられる。これにより店舗の機能と歩行者の動線が交錯したり、表動線と裏動線が共存したりするなど、雑多な空間が生まれている。

飲食店の席　　　　　　　　　動線

ゴミや荷物　　動線　　　　飲食店の席　　ゴミや荷物

飲食店の席　　　　　　　　休憩中

動線　　　　　　　動線　　　　商品

店舗　　バックヤード

動線　　　　　　　動線

[特徴的な要素]

街が利用される中で、その物が本来持っていた機能が拡張されたもの、抹消されたものが特徴的な要素として現れる。

空き缶　　　　　　　　　　窓

人のいた痕跡　　　　　段ボールで塞がれる

自転車　　　　　　　ビニールシート

放置自転車が屑篭になる　ビニールシートで雨を防ぐ

ビニールシート　　　　カラーコーン

店舗同士の境界を明確にする　特に意味もなく置かれる

○敷地図　Site

上野アメ横商店街と上野中通り商店街の分岐点を敷地とする。現在立っているビルでは地上階での空き店舗が目立ち、閑散としている。

○ダイアグラム　Diagram

敷地に隣接した2つの商店街を動線兼ストラクチャーとして取り込む

動線にそって基本構造となるフラットスラブを配置する

スラブの上にテナントの入るボックスを配置する

○平面計画　Designmethod

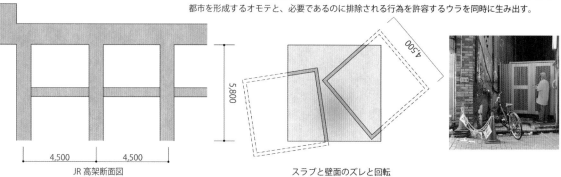

スラブと壁面にズレと回転を与えることで、上野で採集したようなシーンが生まれる。これにより都市を形成するオモテと、必要であるのに排除される行為を許容するウラを同時に生み出す。

JR高架断面図　　　　　　スラブと壁面のズレと回転

○平面計画　Designmethod

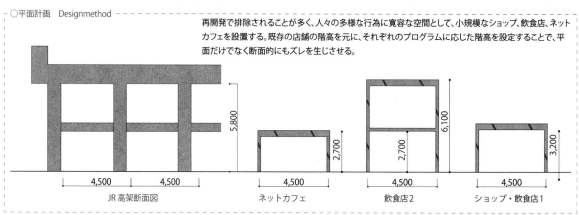

再開発で排除されることが多く、人々の多様な行為に寛容な空間として、小規模なショップ、飲食店、ネットカフェを設置する。既存の店舗の階高を元に、それぞれのプログラムに応じた階高を設定することで、平面だけでなく断面的にもズレを生じさせる。

JR高架断面図　　　ネットカフェ　　　飲食店2　　　ショップ・飲食店1

○構造計画　Designmethod

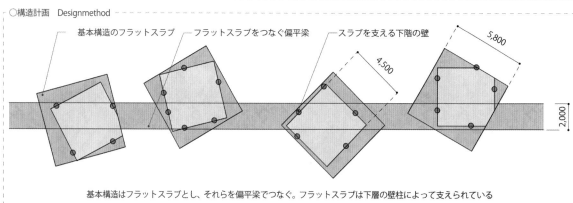

基本構造のフラットスラブ　フラットスラブをつなぐ偏平梁　スラブを支える下階の壁

基本構造はフラットスラブとし、それらを偏平梁でつなぐ。フラットスラブは下層の壁柱によって支えられている

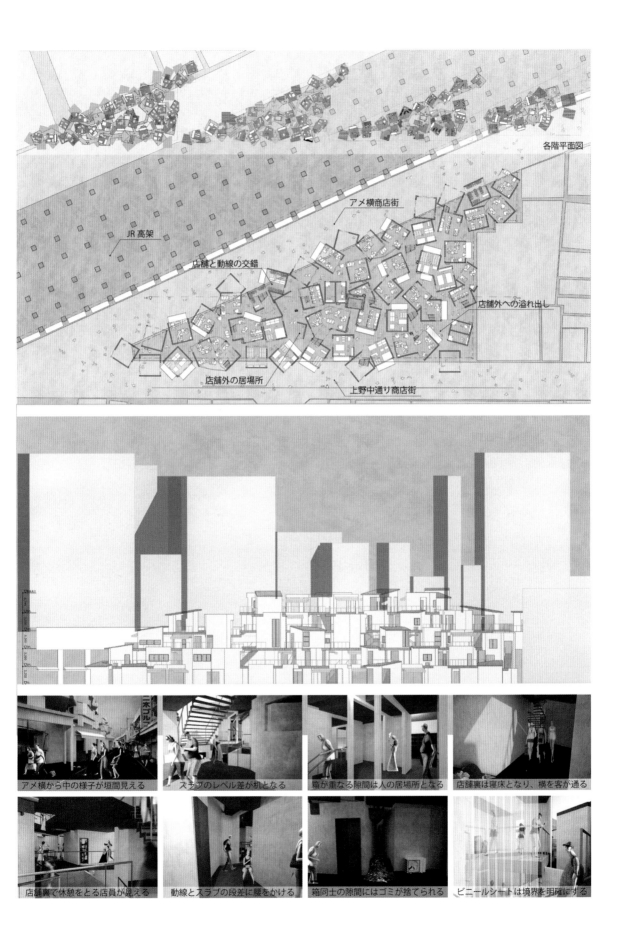

各階平面図

JR 高架

アメ横商店街

店舗と動線の交錯

店舗外への溢れ出し

店舗外の居場所

上野中通り商店街

アメ横から中の様子が垣間見える

スラブのレベル差が机となる

箱が重なる隙間は人の居場所となる

店舗裏は寝床となり、横を客が通る

店舗裏で休憩をとる店員が見える

動線とスラブの段差に腰をかける

箱同士の隙間にはゴミが捨てられる

ビニールシートは境界を明確にする

電脳極界試論

並木 佑磨　Yuma Namiki

芝浦工業大学　建築学部　建築学科

構想／制作期間
10カ月／2カ月

プログラム
メタバース

敷地
電脳都市Tokyo

全景

01. メタバースの歴史

1960年	モートン・ヘイリグによって初の没入型装置「センソラマ」が開発
1968年	アイバン・サザランドによって初のHMD「ダモクレスの剣」が開発
1970年代	LANミーティングというネット交流が初めて行われる
1989年	VPL Research社が世界初のVRコミュニケーションシステムを発表
1992年	小説「スノウクラッシュ」でメタバースという言葉が初めて使用
1997年	「まちこ」という女性向けバーチャルモールサービスが公開
2003年	セカンドハウスというメタバースサービスが公開
2006年	任天堂から自分のアバターであるMiiを使用するソフトが公開
2009年	任天堂からソフト上で人間関係を作り上げるトモダチコレクション
	サイバーエージェントからアメーバピグが公開される
2017年	EpicGamesからオンラインゲームの「Fortnite」が公開される
2020年	任天堂から「あつまれどうぶつの森」が公開される
	ラッパーが「Fortnite」上でオンラインライブを開催する
2021年	世界的企業のFacebookがMetaに社名を変更する

02. アバタースケールの体得

建築を含むほとんどのプロダクトは人間を一つのモジュールとして捉え、デザインに落としこまれている。そのような中で現実世界では、「ヒューマンスケール」を基にデザインが進められるが、メタバース上での「アバタースケール」は、どのように体得され、それがデザインに反映されるのであろうか？

そこで、現実世界でヒューマンスケールを感じるものや行為のうち、メタバース上でも可能な行為を抽出し、それらの行為に目を向けて、アバタースケールの体得を目指した。

通り抜ける　くぐりぬける

乗る

寄りかかる

並ぶ

03. 重力の再定義

現実世界で多くのことを支配している重力。この重力は鉛直下向きにかかるという法則を細かく分析してみる。

例えば、地球の反対側に立っている人の重力を考えてみる。自分とは正反対の方向に重力がかかっている。つまり、この鉛直下向きとは、地球規模の大きいスケールで考えると、万有引力の法則によって、地球の中心方向に向いていると言える。このように地球上の重力は、「面上におけるある点の法線ベクトルの逆ベクトル」と定義することができる。

このような、面上の点における法線ベクトルに逆向きな重力のかかり方を拡大して解釈すると、うねった曲面上においてその場所に垂直な向きに建物やアバターが立つことができる空間を創造できる。

鉛直下向きの重力　　中心向きの重力　　面に垂直方向の重力

青にとっての壁　　　　　　　　　　　　　　　青にとっての床
赤にとっての床　　　　　　　　　　　　　　　赤にとっての壁

重力の方向が個々のアバターに特有である場合、壁・床・天井・柱・梁などの建築要素は、それぞれのアバターが存在する場所によって、捉え方が変化する。このように建築要素の捉え方の違いによって、そこでは様々な行為が許容され、一つの空間を違う重力に支配されている人と共有することで、多様なアクティビティを許容する空間へ変化し、建物空間内がアクティビティが活発化する。

近年注目度が高まるメタバース。これまでメタバース上では、さまざまな建築デザイナーによってデザインされた建築物が生まれてきた。しかしながら、それらの多くはメタバースの特性を極限まで活かしたデザインとは言えない。そこで、独自のメタバースを作成する際に「重力の方向」を再定義し、現実世界の都市から抽出したパラメータとリンクした電脳都市Tokyo

を作成した。そしてその電脳都市Tokyoに建つたくさんの建物のうち、アバターとアバターの視線の交わり方を分析・分類し、それらが直行することで建築要素としての捉え方が変化する建物を発見・デザインした。この試行作品によって、メタバース上の空間が現実世界の建築のようにそれぞれが特徴を持ち多種多様で面白い世界に変容することを願う。

電脳都市Tokyo全景

04.電脳都市Tokyo

日本中に張り巡らされた鉄道の発着場である駅には、多くの人が訪れ列車に出入りしている。特に東京は世界でも有数の鉄道都市であり、東京都内に通勤する人の8割以上が、電車やバスなどの公共交通機関を利用しているとされている。その公共交通機関が集中する鉄道駅の前では、時間帯によって混雑度合いが大きく変化する。そこには一種の不思議な引力が発生し、多くの人を引き込んでは排出する。特に帰宅ラッシュ時の鉄道駅では、排水溝に引き込まれる水のように人が駅に吸い込まれる。鉄道駅は、日常的にはただの都市の構成要素でしかないのに、ある時間帯にだけ、都市の均質性が歪み、ある種の重力場が生まれ、まるで周りのものまでも引き込んでしまうように感じる。

吸い込まれる人々　　　　駅に感じる引力　　　　歪む均質性

敷地を造形する上で、領域を指定しマッピングをおこなった。
全体の領域である長方形は、東京都の本州部にある最東端の駅である「篠崎駅」と最西端の駅である「武蔵関駅」の駅の距離(59,938m)と、最南端の駅である「六郷土手駅」と最北端の駅である「見沼代親水公園駅」の距離(25,456m)からプロポーションを決定した。

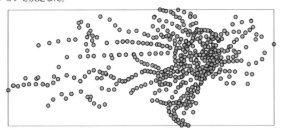

駅の緯度経度情報のマッピング

日本は非常に公共交通機関が発達している。特に東京都では鉄道が、毛細血管のように張り巡らされ、日々多くの人が鉄道を活用し通勤・通学など移動を繰り返し、鉄道は人を運輸する機構として活発に活用されている。
そこで、都市のパラメータとも言える駅の緯度・経度・利用者の3つから敷地空間を構築しようと考えた。今回の卒業設計では東京都にある各駅の緯度経度と利用者数について調査をし、これらの情報からバーチャル上に存在する三軸(X,Y,Z)の座標の値にそれぞれの値を当てはめて、「電脳都市Tokyo」を構築した。

駅名	経度	緯度	利用者数	→	X	Y	Z
新宿	139.7006	35.6896	1,578,732	→	655.885	235.301	-88.939
東京	139.7671	35.6812	934,330	→	757.248	219.807	-52.625
品川	139.7388	35.6285	766,884	→	714.047	122.144	-43.189

座標とパラメータの相関　　　　駅のパラメータの座標への変換の例

一方で深さについては、「日本人の平均体重(56.34kg)」に一番利用者数の多い「新宿駅」の利用者数(単位:100万人)を乗じた値(1.57)を最も深い点(88.45)として、0人から1,578,732人までを0~88.45の決められた範囲内にマッピングし、高さ方向をマッピングしたその点を通るような曲面を作った結果、「電脳都市Tokyo」が誕生した。

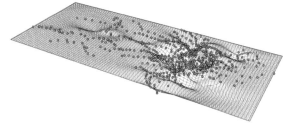

点へ利用者数を与えサーフェスを作る

05.配置計画

敷地は、「電脳都市 Tokyo」で最も標高が低い位置にある。この地域は、現実世界の「新宿駅近辺」に位置しており、新宿駅は、日本で最も利用されている駅であり、多くの人が集うことでも知られ、路上ライブなど人々のさまざまなアクティビティが見てとれる。「電脳都市 Tokyo」でも初めての開発エリアとしてこの位置を設定することで、「電脳都市 Tokyo」を特色づける。

敷地の南側には渋谷や原宿、代官山など23区外から電車に乗って多くの人がやってくるエリアの影響を受け、敷地はなだらかに広がっていく。一方で、北側には西武新宿駅や東新宿駅が存在し、これらの駅の利用者数は新宿駅との変化が大きい。そのため、急勾配で上部に上がっていくため、非常に閉じた印象を持った地域である。

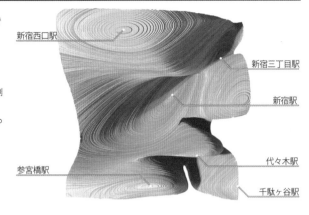

新宿西口駅
新宿三丁目駅
新宿駅
代々木駅
千駄ヶ谷駅
参宮橋駅

対象のエリア（赤部）を横から見る

対象のエリア（赤部）を上から見る

仮想の敷地は現実世界の「新宿駅近辺」に位置しており、新宿駅周辺の持つ立体的で複雑な動線管理を再現するために、2つの建物を内部でつなぎ、地表部分にアーケードを設けることで、3次元的な複雑怪奇な動線を表現しようと試みた。

NFTギャラリー棟は、屋外展示室がバーチャル別荘棟の屋上庭園と交わることが特徴である。また、バーチャル別荘の屋上庭園を歩く人が壁面を動いているように見え、まるで動く絵画を見ているような印象になる。

バーチャル別荘棟は、敷地の中でもかなりの傾斜地に建っており、視線の角度が大きく変わるのが特徴である。全面ガラス張りによって、非常に軽やかなデザインに見え、マリオンの角度によって内部の空間が見え隠れする。

アーケード

NFTギャラリー棟

バーチャル別荘棟

配置図兼外構図

06.バーチャル別荘棟

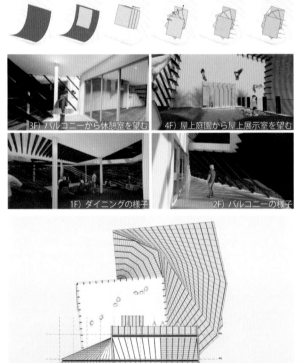

3F）バルコニーから休憩室を望む　4F）屋上庭園から屋上展示室を望む
1F）ダイニングの様子　2F）バルコニーの様子

バーチャル別荘棟立面図

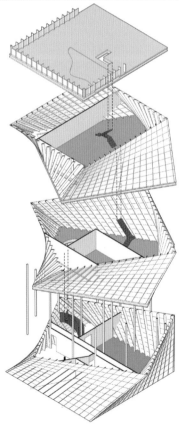

R ・屋上庭園

3 ・レクルーム
・バルコニー

2 ・ゲストルーム
・バルコニー

1 ・エントランス
・リビング
・ダイニング
・書斎

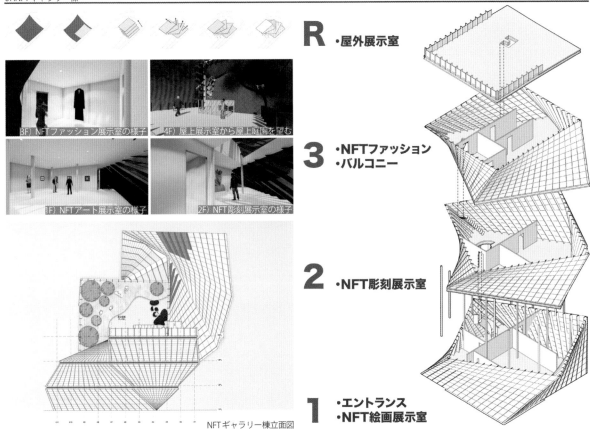

R ・屋外展示室

3 ・NFTファッション
・バルコニー

2 ・NFT彫刻展示室

1 ・エントランス
・NFT絵画展示室

3F) NFTファッション展示室の様子

4F) 屋上展示室から屋上庭園を望む

1F) NFTアート展示室の様子

2F) NFT彫刻展示室の様子

NFTギャラリー棟立面図

断面図

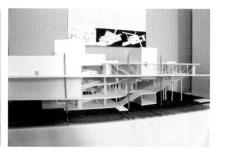

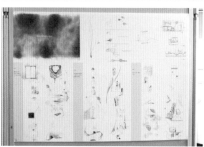

Chapter 3 作品紹介

Participation Works

水鏡

大谷 温人　Haruto Otani

北海道科学大学　工学部　建築学科

構想／制作期間
9カ月／1カ月

プログラム
温泉

敷地
洞爺湖

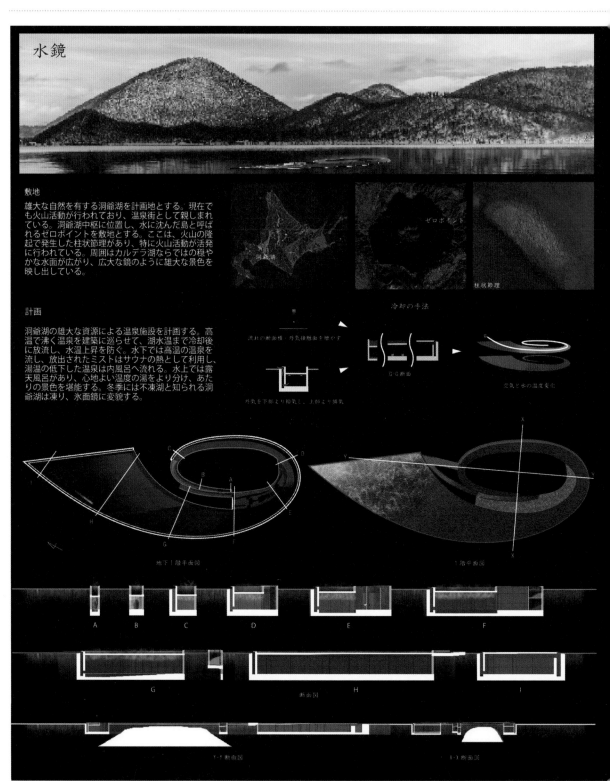

水鏡

敷地

雄大な自然を有する洞爺湖を計画地とする。現在でも火山活動が行われており、温泉街として親しまれている。洞爺湖中枢に位置し、水に沈んだ島と呼ばれるゼロポイントを敷地とする。ここは、火山の隆起で発生した柱状節理があり、特に火山活動が活発に行われている。周囲はカルデラ湖ならではの穏やかな水面が広がり、広大な鏡のように雄大な景色を映し出している。

計画

洞爺湖の雄大な資源による温泉施設を計画する。高温で沸く温泉を建築に巡らせて、湖水温まで冷却後に放流し、水温上昇を防ぐ。水下では高温の温泉を流し、放出されたミストはサウナの熱として利用し、湯温の低下した温泉は内風呂へ流れる。水上では露天風呂があり、心地よい温度の湯をより分け、あたりの景色を堪能する。冬季には不凍湖と知られる洞爺湖は凍り、氷面鏡に変貌する。

ゼロポイント

柱状節理

冷却の手法

流れの断面積・外気接触面を増やす

G-G断面

外気を下部より給気し、上部より排気

空気と水の温度変化

地下1階平面図

1階平面図

断面図

Y-Y断面図　　　X-X断面図

安らうことの本質が定まらない現代において、人々は周囲の道具、環境、景色から責務が脳裏をよぎることがあるのではないか。休日においても無意識に義務感や生産性に囚われているように感じる。本計画では、そんな囚われの身を、広大な湖の水面と景色とにつながる建築によって解放することを目的とする。

温泉街として賑わう洞爺湖。湖の中枢には、火山の隆起で発生した柱状節理があり、特に火山活動が活発な湖に沈む島「ゼロポイント」がある。提案するのは温泉施設。潜在する資源を建築に巡らせ温度変化を起こし、随所に用途を持たせる。建築を巡り水蒸気や氷へと変貌する温泉と、鏡のように辺りを写す水面の景色に人々は無意識のうちに安らうだろう。

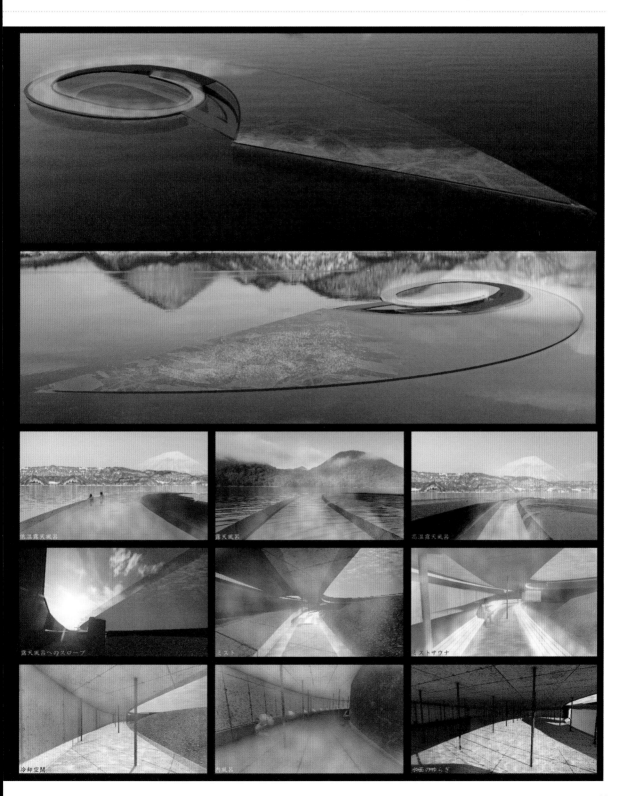

Showroom+ ～ ing
―地方都市商業施設の新しい「まち」と「ヒト」と「モノ」の関係―

鈴木 亮汰 Ryota Suzuki

室蘭工業大学 理工学部 創造工学科

構想／制作期間
6カ月／1カ月

プログラム
商業施設

敷地
栃木県宇都宮市中心市街地

01 Concept

□ヒトとモノとまちを繋げる建築

多くの百貨店は、目当てのモノにアクセスしやすく、空間を最大限使うために棚を平面に配置して、フロアや棚に分類され陳列される。人々は棚の間の通路を歩き自分の探すジャンルを求めて狭い通路を歩き探していく。しかし、インターネットの普及した現代においてその機能に固執する必要性は感じられない。棚も商品を見せるために使われるのではなく、商品を体験、試すために使われるものとして考える。そして、棚を空間を曖昧に仕切るものとして捉え、ヒトとモノだけでなくまちとも関係しあう空間をつくる。

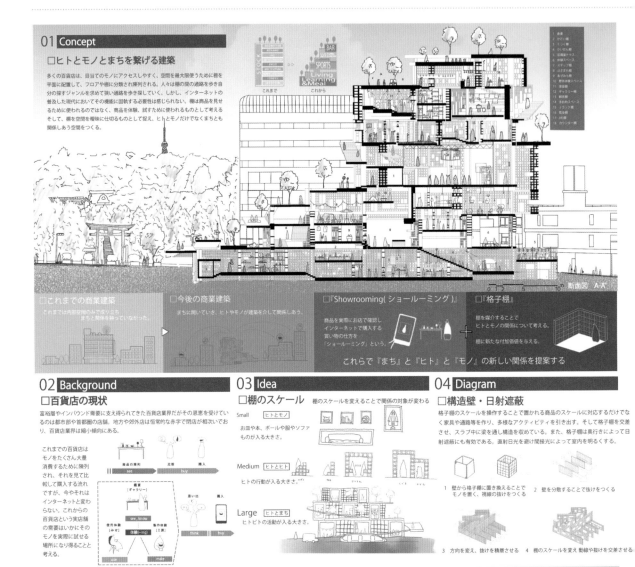

断面図 A-A'

□これまでの商業建築
これまでは内部空間のみで成り立ちまちと関係を持っていなかった

□今後の商業建築
まちに開いていき、ヒトとモノが建築を介して関係しあう。

□『Showrooming(ショールーミング)』
商品を実際にお店で確認しインターネットで購入する買い物の仕方を「ショールーミング」という。

□『格子棚』
棚を媒介することでヒトとモノの関係について考える。棚に新たな付加価値を与える。

これらで『まち』と『ヒト』と『モノ』の新しい関係を提案する

02 Background

□百貨店の現状

富裕層やインバウンド需要に支えられてきた百貨店業界だがその恩恵を受けているのは都市部や首都圏の店舗。地方や郊外店は恒常的な赤字で閉店が相次いでおり、百貨店業界は縮小傾向にある。

これまでの百貨店はモノをたくさん大量消費するために陳列され、それを見て比較して購入する流れですが、今やそれはインターネットと変わらない。これからの百貨店という実店舗の需要はいかにそのモノを実際に試せる場所になり得ることと考える。

商品の陳列 see　比較　購入 buy

追憶【ギャラリー】 思い出　購入
使用体験【知る】 see, know
製作体験【工房】 体験-ing
use　think　buy

03 Idea

□棚のスケール

棚のスケールを変えることで関係の対象が変わる

Small　ヒトとモノ
お皿や本、ボールや服やソファものが入る大きさ。

Medium　ヒトとヒト
ヒトの行動が入る大きさ。

Large　ヒトとまち
ヒトヒトの活動が入る大きさ。

04 Diagram

□構造壁・日射遮蔽

格子棚のスケールを操作することで置かれる商品のスケールに対応するだけでなく家具や通路等を作り、多様なアクティビティを引き出す。そして格子棚を交差させ、スラブ中に梁を通し構造を収めている。また、格子棚は奥行きによって日射遮蔽にも有効である。直射日光を避け間接光によって室内を明るくする。

1 壁から格子棚に置き換えることでモノを置く、視線の抜けをつくる
2 壁を分散することで抜けをつくる
3 方向を変え、抜けを積層させる
4 棚のスケールを変え 動線や抜けを交差させる

05 Site

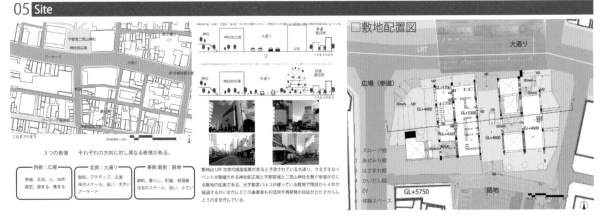

3つの表情　それぞれの方向に対し異なる表情がある。

西側：広場
参道、交流、人、自然
設定、留まる、集まる

北側：大通り
動的、アクティブ、交通
街の大きさ、高い、大きい
アーケード

東側 南側：路地
静的、暮らし、町屋、居酒屋
住宅のスケール、低い、小さい

敷地は LRT 次世代型路面電車が走ると予定されている大通り、さまざまなイベントが開催される神社前広場と宇都宮城と二荒山神社を繋ぐ参道が交じる敷地の区画である。元宇都宮パルコが建っている敷地で閉店から4年が経過するがいまだにどこの事業者も利活用や再開発の目処が立たずがらんどうのまま佇んでいる。

□敷地配置図

LRT　大通り

広場（参道）

1 スロープ棚
2 あぜみち棚
3 はさまれ棚
4 かいだん棚
5 EV
6 体験スペース

路地

1 参道
2 かこい棚
3 くつろぎ棚
4 たいらな棚
5 体験スペース
6 ステップ棚
7 段差棚
8 足元自由スペース
9 回遊棚
10 はさまれ陳列スペース
11 通路棚
12 ギャラリー棚
13 体験スペース
14 余白のスペース
15 スロープ棚
16 陳列棚
17 足元棚
18 カウンター棚

百貨店は壁で囲われ、内部空間で全てが成り立つ市民の娯楽の場所であった。しかし現在、地方都市の百貨店の衰退が著しい。インターネットの普及によって、お店での買い物がネットショッピングに置き換えられ始め、車の普及による大型郊外施設の登場で百貨店の客足が減少している。まちの中心に立地する建築がまちと関係を持たないでいいのだろうか。これから

の百貨店は「モノ」を買う場所ではなく体験する場所として価値を変え、Showroomingという新しいモノの売買システムに、「ヒト」と「モノ」の関係について棚を媒介にして、格子棚という建築手法を組み込むことで今後の新しい商業施設の在り方を提案する。現在進行形で行われるさまざまな活動がまちに溢れ出していく。

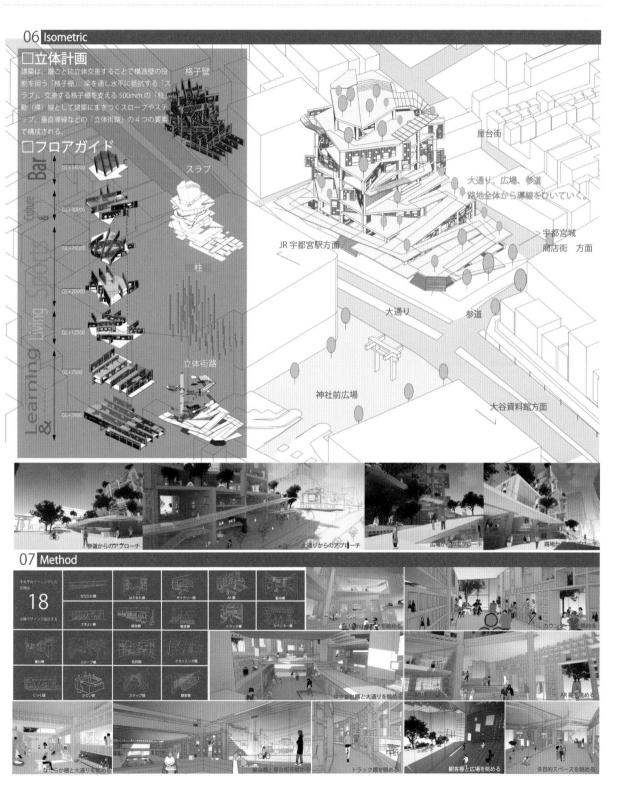

06 Isometric

□立体計画
建築は、層ごとに立体交差することで構造壁の役割を担う「格子棚」、梁を通し水平に抵抗する「スラブ」、交差する格子棚を支える500mmの「柱」、動（導）線として建築にまきつくスロープやステップ、垂直導線などの「立体街路」の4つの要素で構成される。

□フロアガイド

格子壁

スラブ

柱

立体街路

GL+34000
GL+30000
GL+24000
GL+20000
GL+12500
GL+7500
GL+3900

Learning & Living Store, Culture & Bar

屋台街

大通り、広場、参道
路地全体から導線をひいていく。

宇都宮城
商店街　方面

JR宇都宮駅方面

大通り

参道

神社前広場

大谷資料館方面

参道からのアプローチ　　大通りからのアプローチ　　広場からのアプローチ　　路地からのアプローチ

07 Method

18

strange but familiar
—有楽町的アナクロニズムにおけるふるまいのかさなり—

竹内 耀子　Yoko Takeuchi

明治大学　理工学部　建築学科

構想／制作期間
7カ月／7カ月

プログラム
複合施設

敷地
東京都千代田区有楽町

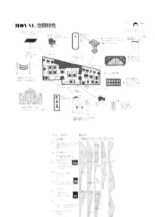

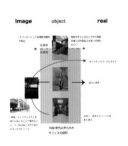

「喫茶ROYAL」との出会い

2022年5月、東京都有楽町にある「喫茶ROYAL」という純喫茶に訪れる。そこでは様々な年齢の人たちがくつろいでおり、さらに家具や装飾品によって活き活きとしていることに感動を覚えた。この場所について深く知りたくなった私は、喫茶ROYALに通い店内のスケッチと時間ごとの特性を独自の指標で記録することを行なった。

映像作品の制作

喫茶ROYALを舞台に映像を作成することとなった。「映像作品を通して喫茶ROYALを表現する」ことを目標に制作し、4分の映像が完成した。ここでつけたタイトル「strange but familiar」はその後の思考の軸となった。

抽象化と具体化

振り返ると、映像作品を作ることは「喫茶ROYAL」という場所を自分自身がどのように捉えているかということを抽象化・概念化し、自分自身が「喫茶ROYAL」という場所の魅力に近づく行為だったと言える。しかし、大事なものを映像では拾いきれていないと感じ、複数のエッセーと、従業員さんのインタビューをまとめたテキストを作成した。

別の場所での応用

「喫茶ROYAL」の特性を持ち合わせる場所をつくることができないか試みた。有楽町駅前の「有楽町ビル」の改修である。ここにあるものは60年代の三菱地所によるオフィスビルの特徴が階段部分の造形に現れており、これらを起点にローヤル的な場所をつくることを考えた。既存オフィスと分かりやすい境界をつくることで知覚に揺さぶりが起こることを期待する。

見覚えのあるもの
something strange but familiar

2022年５月に出会った東京のある場所「喫茶ROYAL」。私は
この空間がもたらす"寛容さ"に感動するとともにとても興味
を持った。その真髄に迫るべくリサーチデザインの手法から喫
茶ROYALを題材とした４分の映像作品とインタビューと複数
のエッセイから成るテキストを作成した。ここで得た感覚から
同じく有楽町にある「有楽町ビル」を対象にリノベーションの
手法を探求した。

TEXTS
O   F
"KISSA"
R O Y A L

ROYALS HOSTESS "S"
INTERVIEW   21

Date   11.07.2022
Place ROYAL,
       Kutsukaikan
       Yurakcltyn
       Tokyo

有楽町ビル的アナクロニズムにおけるふるまいの重なり

scean1

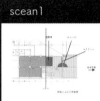

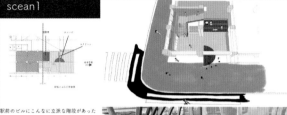

駅前のビルにこんなに立派な階段があった
のか。スクリーンもあってまるで映画館だ。
２階には観覧席もついている。待ち合わせ
まで少々時間もあることだから、少し階段
に座って休んだりした。とはいえ、
良くみると変わった造形だと思う。金属の
ゆるやかなカーブがビルを通り過ぎる人と
くつろぐ人を緩やかに分け、壁面のタイル
はそれぞれ異なる表情をしている。階段を
足早に登る人がいた。２階はオフィスになっ
ているらしい。それはいつからだろうか。

scean2

今日は有楽町ビルにに新しくできたコ・
ワーキングスペースを利用する。新たに大
きな劇場ができたらしく、吹き抜けを介し
て階段付近が盛り上がりを見せている。反
対側は専有のオフィスになっており、中の
働く人の様子も見える。よくみると二つの
階段は左右対照になっている。.

scean3

少し歩くのが疲れてしまったけれどこのあ
たりにベンチとかあったかな。などと考え
ながら、ふとかわらしい赤土色のつや
やしたタイルが目に留まる。地下に続く階
段は少々アングラな雰囲気が濃い。気のせ
いかもしれないが少しだけタバコの匂いが
した。他にも座っている人がいたのでその
構に腰を下ろすと、ガラスに刻まれた「有
楽町ビル」という文字が目に入る。その奥
では白色の蛍光灯が光り輝いていた。

器とフィルター
―自然と造成の境界に建つ建築―

谷敷 広太 Kota Yashiki

室蘭工業大学　理工学部　創造工学科

構想／制作期間
5カ月／1カ月

プログラム
アートギャラリー

敷地
北海道室蘭市御前水町

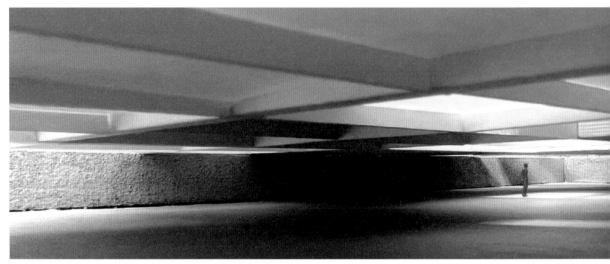

敷地

かつて中学校があった敷地。現在は校舎が取り壊され、平坦な地面と擁壁、外部階段が森の中に取り残されている。造成跡の形ありきの建築を考える。

設計手法

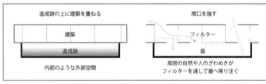

造成跡の上に建築を重ねる

建築

造成跡

内部のような外部空間

開口を施す

フィルター

器

周囲の自然や人のざわめきが
フィルターを通して器へ降り注ぐ

屋根

壁面（構造体）

床①
エキスパンド
メタル

床②
半透明

擁壁の上に重ねるように建築を置く。

屋根と床に開口を施すことで、建築はフィルターのように光、風、人や自然の音を透かす。

建築に覆われた造成跡は内部のような外部空間となって、器のようにざわめきを受け取る。

2.2mの距離を置いた器とフィルターは、ざわめきにより互いの雰囲気を感じ合う関係となる。

放置された造成跡の増加は、人口減少が続く室蘭市において無視できない問題である。元の姿に戻ることは無い、いわば土地の"傷跡"となってしまった造成跡を、人々にとって魅力的な場所にする建築はできないだろうか。自然の中に残された平坦な造成跡を「器」と見立て、既存の擁壁高さに合わせて2.2m上方に建築を置く。開口の空いた建築は光・風・音、人々の活動を適度に透かす「フィルター」となり、何も無いまっさらな「器」の表情を常に変化させる。開口の組み合わせが光や空間のつながりに濃淡を生み、内と外を連続的につなげながら人々の活動空間を創り出す。土地の"傷跡"を"魅力"へと変貌させる、造成跡ありきの建築の提案。

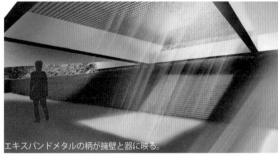

エキスパンドメタルの柄が擁壁と器に映る。

器の様子を見下ろし、谷を流れる風を受け止める 風の部屋。

屋根と床に開口が無い土の部屋。大窓から自然を望む。

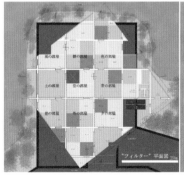

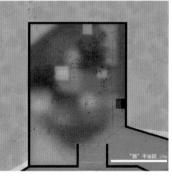

FIX窓・回転扉が各部屋を繋ぐ。

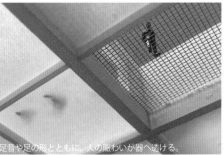

足音や足の形とともに、人の賑わいか器へ透ける。

昼の部屋。北の角に陽が差し込み、そこに人や視線が集う。

風景を醸成する

―鶴居村にふさわしい建築のあり方―

石黒 陸人　Rikuto Ishiguro

室蘭工業大学　理工学部　創造工学科

構想／制作期間
6ヵ月／2ヵ月

プログラム
ワイナリー・宿泊施設

敷地
北海道鶴居村

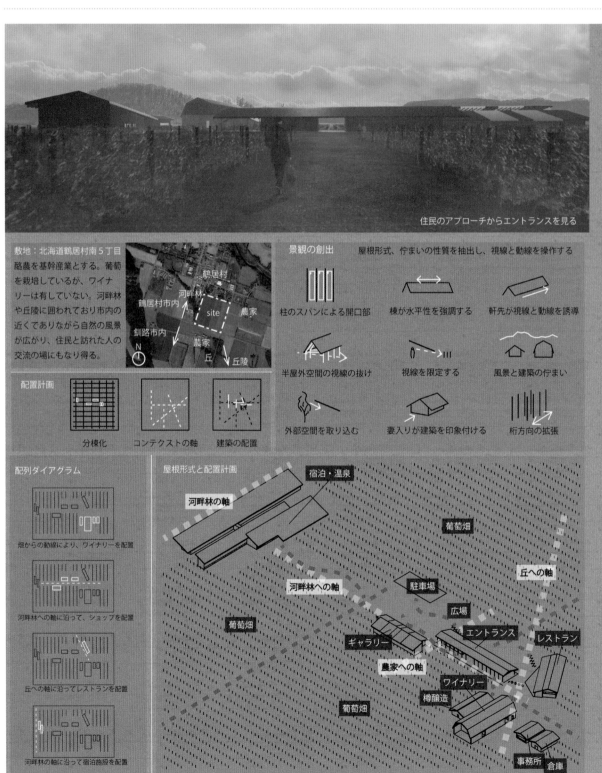

住民のアプローチからエントランスを見る

敷地：北海道鶴居村南5丁目
酪農を基幹産業とする。葡萄
を栽培しているが、ワイナ
リーは有していない。河畔林
や丘陵に囲われており市内の
近くでありながら自然の風景
が広がり、住民と訪れた人の
交流の場にもなり得る。

鶴居村
河畔林
鶴居村市内
site　農家
釧路市内
農家
丘　丘陵
N

配置計画

分棟化　コンテクストの軸　建築の配置

景観の創出　屋根形式、佇まいの性質を抽出し、視線と動線を操作する

柱のスパンによる開口部　棟が水平性を強調する　軒先が視線と動線を誘導

半屋外空間の視線の抜け　視線を限定する　風景と建築の佇まい

外部空間を取り込む　妻入りが建築を印象付ける　桁方向の拡張

配列ダイアグラム

畑からの動線により、ワイナリーを配置

河畔林への軸に沿って、ショップを配置

丘への軸に沿ってレストランを配置

河畔林の軸に沿って宿泊施設を配置

屋根形式と配置計画

宿泊・温泉
河畔林の軸
河畔林への軸
駐車場
葡萄畑
広場
丘への軸
葡萄畑
エントランス
レストラン
ギャラリー
農家への軸
ワイナリー
葡萄畑
樽醸造
事務所　倉庫

地場の生産に関わる施設はその地域の特徴を持つと考える。しかし、近年の生産施設は生産性を求めて巨大な箱と化し、均質な風景をつくり出している。本設計では生産施設を砕き、地域固有の風景を取り込むことでその場にふさわしい建築を目指した。北海道鶴居村では手に入りやすい素材で簡単な構法による農業用の小屋や倉庫が一つの建築の形式として普及していた。

そこから建築の矩形や屋根形式、佇まいの要素を抽出し、再構築する。地域の風景と建築群と葡萄畑が連続する空間体験を目指し、シンプルな建築の矩形でも配置や屋根形式の組み合わせで視線と動線を操作し、美しい空間が実現できることを証明する。住民が気づかないような地域の豊かさや固有性が浮かび上がるような風景とその建築のあり方の提案。

葡萄畑　倉庫　事務所　葡萄畑　ワイナリー　樽醸造　葡萄畑

ワイナリー断面図

ワイナリーの棟が連なる

ワイナリーを見る

樽醸造を見る

広場から建築、畑、河畔林が見渡せる

レストランを見る

レストランを出る

ギャラリーへ向かう

雪面に佇む建築群を見る

地域と廃棄物の関係性の再構築

―都市郊外における、中間処理場のリ・デザインを通した地域活性化の提案―

吉田 紀治　Toshiharu Yoshida

明治大学　理工学部　建築学科

構想／制作期間
8カ月／3週間

プログラム
再利用のための複合施設

敷地
神奈川県川崎市麻生区岡上

01 背景　再利用やそれに対する私たちの意識の再考

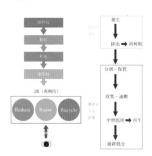

3R(Reduce・Reuse・Recycle)やアップサイクルが適切に行われているのか、私たちの目からは明らかではない。
また、市民の大半が十分に分別しきれているとは言い切れない。

02 敷地　神奈川県川崎市麻生区岡上

東京都心から近い位置にあるにもかかわらず、一帯は農業振興地域に指定されている。一方で、幹線道路を挟んだ先には住宅街が広がる。

① 緑山ガーデンリサイクルセンター

② 木村管工株式会社

中間処理場が計2箇所存在しており、1つは①自然由来の廃棄物、もう1つは②人工由来の廃棄物を扱っている。この2つの中間処理場をリ・デザインする。

03 提案　中間処理場のリ・デザイン

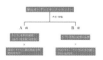

2つの中間処理場に代わるものとして、住宅街と田畑の間に位置する4つの敷地（東西南北）に、中間処理場とは違った形の、身近な範囲で再利用が起こるための拠点を移転・点在させる。

04 手法　建物内での再資源化と分解可能な構法の採用

再資源化を発電など、建物にとって利益のあるものとなるようにする。また、解体時に分解可能な建物とする。

地域と廃棄物の関係性の再構築 ― 都市郊外における、中間処理場のリ・デザインを通した地域活性化の提案 ―

site A プロムナード空間を見る

site B 処理とコミュニティ内での交流が交錯した空間

site C アップサイクルショップを見る

site D 単管パイプによる空間が処理と人々のアクティビティを包摂する

私たちが3Rやアップサイクルを見聞きしたり声高に叫んでいたりしていても、果たして実際にそれが正しく行われている取り組みなのかは、私たちの目からは明らかではなく、また廃棄物の分別は市民の大半が十分に行えているとは言い切れない。敷地は自然由来の廃棄物の中間処理場と人工由来の廃棄物の中間処理場が農地に隠された神奈川県川崎市麻生区岡上。この地において、この2つの中間処理場に代わるものとして、住宅地と田畑の間に位置する東西南北4つの敷地に、中間処理場とは違った形の、身近な範囲で再利用が起こるための拠点を移転・点在させて地域にひらき、再利用を促進させる。各拠点はその場でできる廃棄物の再利用とそれを通したアクティビティの創出により地域に貢献する。

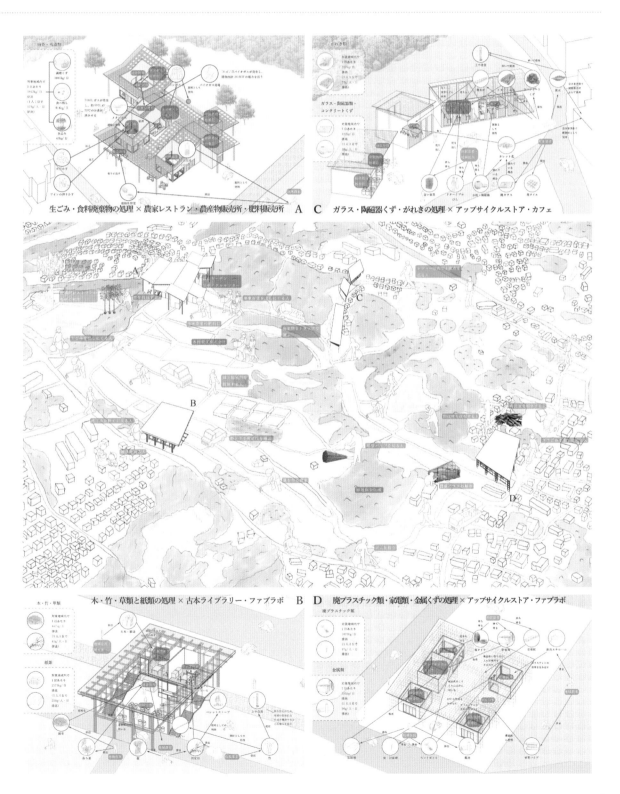

生ごみ・食料廃棄物の処理 × 農家レストラン・農産物販売所・肥料販売所　A

C　ガラス・陶磁器くず・がれきの処理 × アップサイクルストア・カフェ

木・竹・草類と紙類の処理 × 古本ライブラリー・ファブラボ　B

D　廃プラスチック類・家電類・金属くずの処理 × アップサイクルストア・ファブラボ

工場返還

—廃工場が市民によって分解される物語—

林 拓実　Takumi Hayashi

北海道大学　工学部　環境社会工学科

構想／制作期間
6カ月／1カ月

プログラム
複合都市

敷地
秩父セメント第二工場

Problems

都市の積層　　　　　　　　　　　　　　　工業のアーカイヴ

再開発　　　保存　　　適応再利用

レイヤー 3　　次時代のレイヤー

人間の営み
（農業、工業、商業）　レイヤー 2

レイヤー 1　　自然地形
（河川、山岳、森林）

Program

段階的な分解

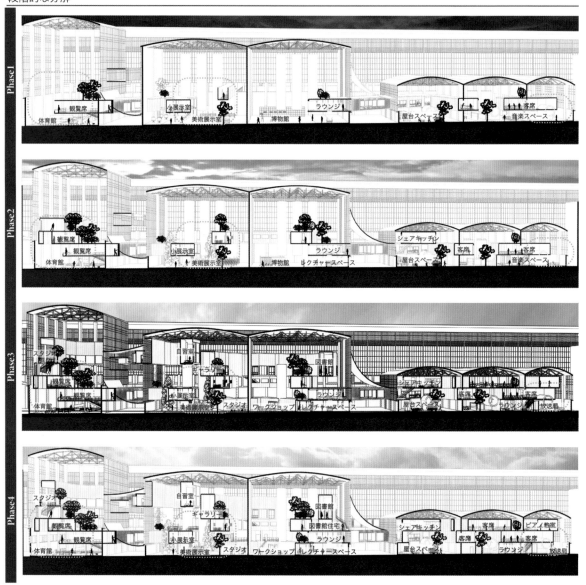

60

都市は更新される。その更新はその都市のコンテクストを積層させ、その都市の個性を引き出すことが望ましい。再開発による画一化した都市の形成や保存による人間の活動の介入を遮断する方法ではなく、適応再利用という方法によりまさにレイヤーが積み重なるような都市を築き上げる。本計画ではセメント産業として栄えた埼玉県秩父市を対象とし、武甲山、セメント工場といった街の個性を残しながら縮小した工業都市をどう再生するのかを考えた。「分解」をコンセプトとし、周囲の住民の活動が徐々に介入することで空間を細分化し、工場としての大空間を生かしながら人間の活動が数多に展開する空間を目指した。Phase1からPhase4まで続く計画だが、ここで終わることなく、市民による分解は続いていく。

Concept
市民によって分解する

役目を終えた工場（死骸）を市民（分解者）によって介入しながら分解する。

Site
秩父セメント第二工場

第二工場 　　　　　　既存工場

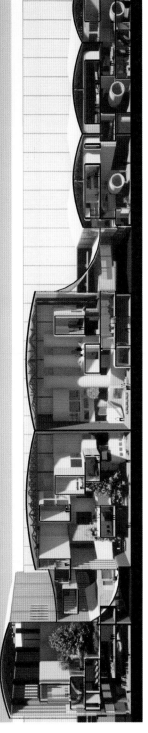

 博物館
 体育館
スタジオ
映画館
教室
ラウンジ
ラジオ局
図書館
アトリエ
カフェ
共同住宅
住宅

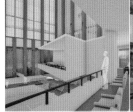 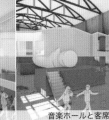

体育館と観覧席　　　美術展示室とラウンジ　　　音楽ホールと客席

体育館と観覧席　　　美術展示室とラウンジ　　　音楽スタジオと客席

体育館と観覧席　　　美術展示室とラウンジ　　　音楽スタジオと客席

体育館と観覧席　　　美術展示室とアトリエとラウンジ　　　音楽スタジオと客席とラジオ局

E-cycle plant

都市に馴染む複合型クリーンセンター

渡邊 智帆　Chiho Watanabe

北海学園大学　工学部　建築学科

構想／制作期間
5カ月／9カ月

プログラム
複合施設

敷地
札幌市中央区南1東7 周辺

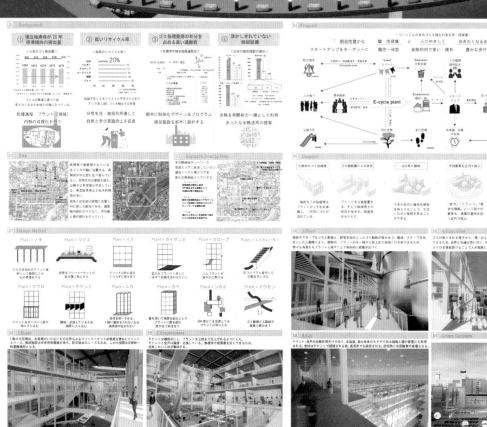

「焼却施設 都市化計画」を現実的にするには、①人・街にメリットがあること、②馴染むデザインにすることが重要だった。そのため敷地は、再開発で重要視されているエリア内にも関わらず、低未利用地が多く熱供給が進んでいない場所を選定。ゴミ焼却排熱を活用し、周辺地域に熱供給を行うことで、NIMBY症候群脱却を狙った。さらに地域の再開発強化案を分析・具体化して導いたプログラムを構築。スケールの違う"プラント"と"人"を共存させるメソッドを建築・河川敷・橋の設計に取り入れた。プラントを強く魅せた外観は「目を背けるな」という強いメッセージ性を意味する。ゴミ問題はSDGs目標12"つくる責任・つかう責任"の代表格であり目を背けてはならない問題である。

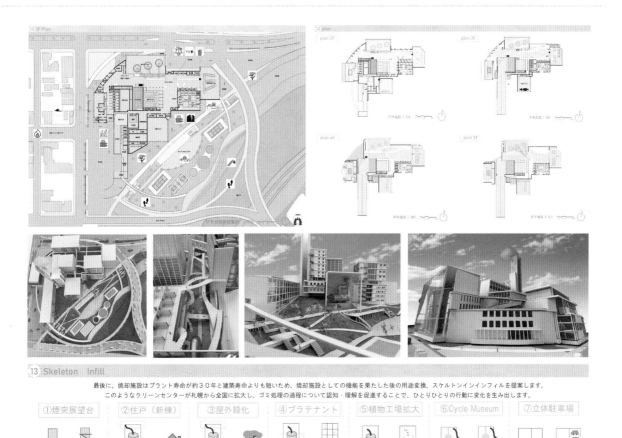

13 Skeleton Infill

最後に、焼却施設はプラント寿命が約30年と建築寿命よりも短いため、焼却施設としての機能を果たした後の用途変換、スケルトンインインフィルを提案します。
このようなクリーンセンターが札幌から全国に拡大し、ゴミ処理の過程について認知・理解を促進することで、ひとりひとりの行動に変化を生み出します。

①煙突展望台	②住戸（新棟）	③屋外緑化	④プラテナント	⑤植物工場拡大	⑥Cycle Museum	⑦立体駐車場

重層する秩序

飯田 二千翔　Nichika Iida
北海道科学大学　工学部　建築学科

構想／制作期間
8カ月／2カ月

プログラム
複合施設

敷地
札幌中央区北1条西1丁目

7つの秩序

1. 同じ面積を備えた 単位平面	2. グリッドに沿って設けられた リジッドなコア	3. ゆらぎの方式と その方向	4. コアの向きと 形式	5. 床の抜き方及び 吹き抜けの構成	6. 前面の広がりと 始点位置	7. 札幌の街区の大きさで 切り取る

A-Asection

B-Bsection

East elevation

C-Cxection

West elevation

D-Dsection

South elevation

E-Esectio

North elevation

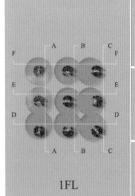

1FL

 2FL
 3FL
 4FL
 5FL
 6FL
 7FL
 8FL
 9FL
 10FL

 11FL
 12FL
 13FL
 14FL
 15FL
 16FL
 17FL
 18FL
 19FL

九龍城、それはかつて香港に実在した超高密な集合住宅群である。その佇まいが発する独特の存在感や内部での生活の多様性に強い魅力を感じた。群を成すそれぞれの建物は、単純な秩序により構成されている。しかしそれらが通常ではありえない密度を持って配置されたことで、それぞれの秩序同士が重層し、棟単体では決して生まれなかったであろう現象やアクティビティが偶発的に生成されている。

本計画で私は、7つの秩序を用いた。それぞれの秩序は極めて単純な合理性を保ちながら、そのそれぞれが独特のスケールを備え互いに影響し合うことで複雑で多様な空間が生まれている。それは秩序と無秩序の間を行き来するような不思議で魅力的な現象やアクティビティの依り代となるだろう。

遷移と回想

～巨大な人工林に建つ建築～

藤谷 健太　Kenta Fujiya

室蘭工業大学　理工学部　創造工学科

構想／制作期間
5カ月／3週間

プログラム
展望・観光施設

敷地
北海道上川郡下川町

本設計では林業のダイナミズムを顕在化し、本来の林業の姿を人々に伝えることが目的である。
林業のダイナミズムを「時間」「スケール」「工場」の3つの要素で構成し、建築で体現した。

04　断面　登ることによって変化する空間

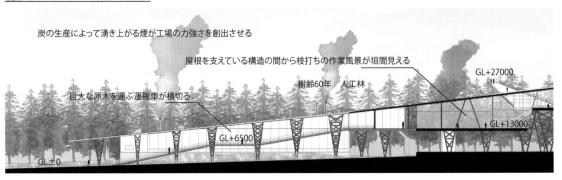

炭の生産によって湧き上がる煙が工場の力強さを創出させる

屋根を支えている構造の間から枝打ちの作業風景が垣間見える

樹齢60年　人工林

巨大な原木を運ぶ運搬車が横切る

GL+27000

GL+13000

GL+6500

GL±0

05　空間　時間によって変化する空間

針葉樹は約80年をかけ30mにも成長する。ある年は針葉樹が自分と同じ高さに成長し、空間に開放さを与え、
ある年は針葉樹が自分の高さより成長し、空間に圧倒的な風景と静けさを与える。

広大な針葉樹林、それは何十年、何百年受け継がれてきた財産である。林業はその財産を消費しながらもまた次の代に繋げていく壮大な産業だと私は感じた。北海道下川町は昭和17年から林業で発展した町であり、現在も林業が盛んな町である。しかし、町には製材所やバイオマス発電などの加工業が林業の顔として現れているが、巨木の伐採やその木を運ぶ重機などの生産業が現れていないことに違和感を感じた。下川町の広大な針葉樹林の中に林業の全てを集約した大型観光施設を建てることで林業のダイナミズムを顕在化し、訪れる人々に林業の本来の姿を知ってもらうことはできないだろうか。

01 環境　4つの区画に分かれた針葉樹林

厳寒地での林業では「交互区画皆伐作業法」が用いられる。植林地を4つの区画毎に行うことで成長した人工林によって成長途中の木を寒風から背後保護する方法

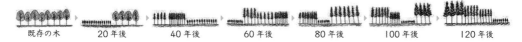

既存の木　　20年後　　40年後　　60年後　　80年後　　100年後　　120年後

02 図解　針葉樹林の頂点へ登る

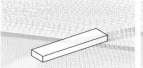

①4区画全てに面するようにボリュームを配置する

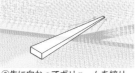

②先に向かってボリュームを絞り、針葉樹林の頂点へと上げる

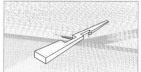

③区画にボリュームを伸ばし、高さが変化する針葉樹に対応させる

④ボリュームの中心を開け、土場へ向かう運搬車の動線を確保する

03 動線　2つの空間分け

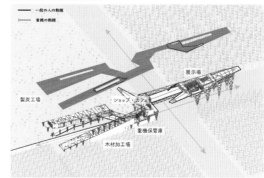

建築は針葉樹林の頂点に向かって伸びていき、それに伴い生まれた下の空間に工場の機能を入れることで動線を分ける

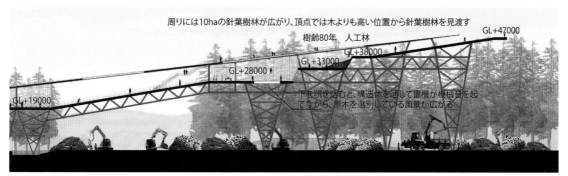

周りには10haの針葉樹林が広がり、頂点では木よりも高い位置から針葉樹林を見渡す

樹齢80年　人工林

GL+47000
GL+38000
GL+33000
GL+28000
GL+19000

下を覗き込むと、構造体を通して重機が機械音を起こしながら、原木を選別している風景が広がる

木々たちが伐採されると同時に、遠くに下川町の姿が現れる

80年後、30mを越える木々に囲われた空間が現れる

20年後、林業従事者によって抽林された木々は成長し、林となる

苔谷の縫目

福井 香穂　Kaho Fukui

北海道科学大学　工学部　建築学科

構想／制作期間
1年／2カ月

プログラム
資料館

敷地
千歳市支寒内

苔が造り出す魅力的な世界

ダイアグラム

1. 北海道の雄大な自然 → 支笏湖

5万5千年前に大きな噴火が起き，直径数kmの火口を持つ支笏火山ができた。

4万年前の大噴火によって火砕流が大量に噴き出し，支笏湖の原型である直径14〜18kmのカルデラを形成。時間をかけて水が溜まっていった。

その後も、風不死岳、恵庭岳、樽前山といった山々が噴火によって形成された。この過程で、谷の瞬門も形成された。

2. 地盤の裂け目の浸食

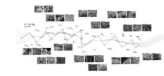

地殻の亀裂を雪解け水が浸食していき，谷状の濡れ沢を形成。

苔壁には、谷内部の絶妙な気候条件により、多様な苔の群生を形成。

苔壁の高さが最も高いのは比較的前半部分で、その後は緩やかな上り坂とともに低くなっていく。苔の分布は、上図となっており、複雑な形の場所や柄木、岩などの着石物がある場所でより多くの種類の苔がみられる。

3. 安全な経路の確保と苔の面を傷つけない構造 — 崩落箇所や見通しの悪い場所は谷の上の方に橋を作るなど、谷の形勢や苔の分布に応じて建築を配置する。

谷の上のギザギザは、両端を地盤に固定することで谷の下に太い構造体を落とさない。

上部の通路からスラブを吊る。

壁面に向かって階板が伸びている螺旋階段。

谷の上の小さなたまり場。

微妙な段斜突き刺さった平板。

先に谷の上で瞬門の形成過程や苔について知り、その後に谷の下を行くことで、魅力が増幅する。

太い構造体によって視界を遮らない。

上からドまで苔を調近で見てまわれる。

下を通るには危険な箇所では上部の苔が少ない部分を活用。

苔はとても小さいため、一度登る行為で見えるものが変化。

遠くから見ると同じように見える苔も、近づいてみるとさまざまな顔を見せてくれる。他の植物が生育できないような、樹木や岩の上、日のあまり当たらない場所などに生育しており、長い時間をかけて地道に生育範囲を拡大していく様は力強く、その魅力を増幅させている。逞しくも美しい苔の魅力を存分に味わえる場所として「苔の洞門」を敷地に選んだ。地盤の裂け目とも言える峡谷を苔が一面覆いつくしている。しかし、岩盤崩落の危険があることから現在は立ち入り禁止になってしまっている。苔の魅力を存分に味わえるこの場所に、人々が再び訪れることができるような経路を設けるとともに、苔やこの場所の魅力を再発見できるような建築を目指した。

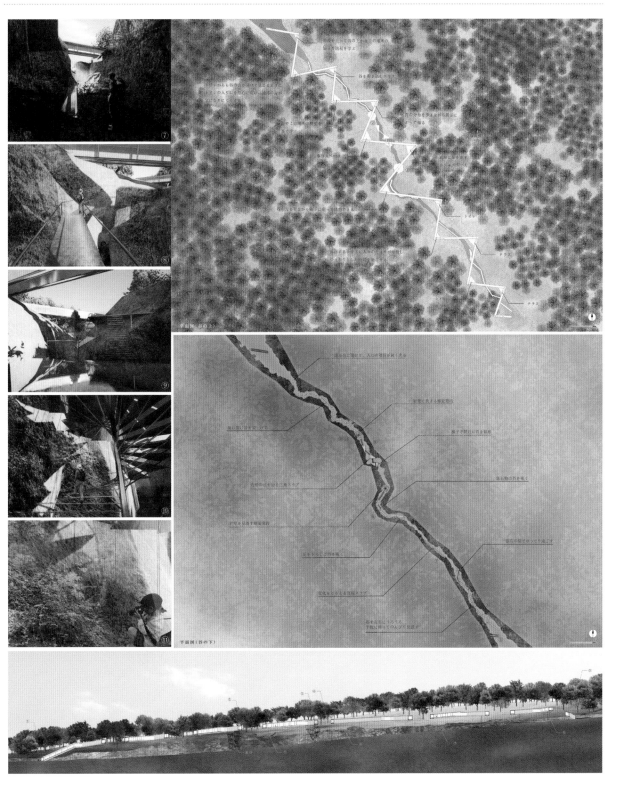

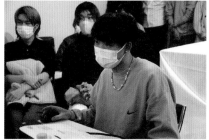

Chapter 4　北海道組紹介

HOKKAIDOGUMI
Introduction

建築学生同盟　北海道組

建築学生同盟　北海道組とは

北海道の地で建築を学ぶ学生が、大学や学校という枠を越えた卒業設計の講評の場を設けるために2009年5月に発足した団体です。主な活動である卒業設計合同講評会は、学生同士が作品を通して刺激し合うことや、国内外で活躍する建築家の多様な視点での審査・講評を目的としています。また講評会以外にも、建築に携わるさまざまな方々を招いて講義（Lecture Series）を開催するなど、さまざまなプロジェクトを企画・運営し、北海道内の建築学生のレベルアップやネットワークづくりを目指して活動しています。

北海道組 第14期メンバー

組長	佐竹 直	（札幌市立大学3年）
副組長	小西 神太郎	（北海道科学大学3年）
会計	小野 朝陽	（北海道科学大学2年）
広報	吉本 伸世	（北海道職業能力開発大学4年）
	佐藤 未奈	（札幌市立大学4年）
	福井 香穂	（北海道科学大学4年）
	前原 三緒	（北海道科学大学4年）
	吉盛 愛峰	（北海道科学大学4年）
	加藤 晃誠	（北海学園大学3年）
	金子 千尋	（北海道大学3年）
	鍋野 亘輝	（北海道科学大学3年）
	半田 晃平	（北海道科学大学3年）
	片丸 将碕	（北海道科学大学2年）
	行部 葉菜	（北海学園大学1年）
	近藤 碧真	（北海学園大学1年）
	今野 聖弥	（北海道科学大学1年）

アドバイザリー

五十嵐 淳（五十嵐淳建築設計事務所）

宮城島 崇人（宮城島崇人建築設計事務所）

［北海道組公式HP／SNS］

北海道組の最新情報はホームページ、各種SNSから！

HP

X（旧Twitter）

Facebook

主な活動

■Lecture Series

建築家や建築関係者を招いてさまざまなテーマで講演していただく、「Lecture Series」を毎月約1回のペースで開催しています。聞いてみたいテーマを考え、建築家や講師の方々を選定する企画段階から、講演者への依頼や打ち合わせなどのやり取り、会場準備、設営、受付といった運営業務まで携わります。建築を学ぶ学生だけでなく、一般の方々にも建築に触れる機会を創出しています。

■設計展・講評会

北海道の建築学生が競い合い切磋琢磨できる場、学外の作品に触れ交流できる場として、例年12月に「北海道建築新人戦」、3月に「北海道卒業設計合同講評会」を開催しています。新人戦は学部3年までの学生は誰でも応募できるため、組員も準備・運営に携わるだけでなく、自身の作品を出展しています。卒業設計合同講評会は、近年は道外の出展者が増え、全国規模での注目度が増しています。

■組員募集中！

北海道組では組員を募集しています！

組員になると…
・学校や学年の垣根を越えて、建築を語る仲間が増える
・有名建築家の方々と話し、交流する機会が得られる
・さまざまな建築作品に触れることができ、自身のレベルアップにつながる
・イベントの企画・運営など、社会に出てからも役立つ経験ができる
などなど、もっと建築を知りたい、他校の建築学生と交流したい、という方はぜひご参加ください！

お問い合わせはコチラ！→dougumi15@gmail.com

『北海道卒業設計合同講評会2016』

最優秀賞 「中心紋」
　　　　青葉桜（北海道大学）

審査員：五十嵐淳／西田司／増田信吾／米澤隆

日程：2016年3月12日（土）

編著：建築学生同盟 北海道組（7期）
定価：770円（税込）

『北海道卒業設計合同講評会2017』

最優秀賞 「―そして「　　　」は彼らを想う―」
　　　　八木悠（北海学園大学）

審査員：五十嵐淳／五十嵐太郎／島田陽／増田信吾

日程：2017年3月16日（木）

編著：建築学生同盟 北海道組（8期）
定価：1,100円（税込）

『北海道卒業設計合同講評会2018』

最優秀賞 「Patch them on the new road!
　　　　―東京都都市計画道路における空地の利活用と
　　　　新しい街並みの提案―」
　　　　長谷光（東京藝術大学）

審査員：五十嵐淳／藤野高志／鈴野浩一／彌田徹

日程：2018年3月10日（土）

編著：建築学生同盟 北海道組（9期）
定価：1,100円（税込）

『北海道卒業設計合同講評会2019』

最優秀賞 「ナナメな家 ―負の記憶の転換―」
　　　　　板東千尋（北海学園大学）

審査員：五十嵐淳／長坂常／木村吉成／西牧厚子

日程：2019年3月9日（土）

編著：建築学生同盟 北海道組（10期）
定価：1,100円（税込）

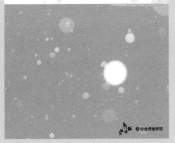

『北海道組卒業設計合同講評会2021』

最優秀賞 「lost the garden
　　　　　―最適化された生活環境から自然環境へと
　　　　　連れ出すアプローチ空間の探究―」
　　　　　成田陽香（札幌市立大学）

最優秀賞 「森と私」青山稜（北海学園大学）

審査員：五十嵐淳／谷尻誠／石上純也／秋吉浩気

日程：2021年3月13日（土）

編著：建築学生同盟 北海道組（12期）
定価：1,100円（税込）

『北海道卒業設計合同講評会2022』

最優秀賞 「大地の織物」
　　　　　田元良（北海道科学大学）

審査員：五十嵐淳／平田晃久／吉村靖孝／髙橋一平

日程：2022年3月12日（土）

編著：建築学生同盟 北海道組（13期）
定価：1,650円（税込）

総合資格navi

 総合資格学院の**本**

 建築士試験対策
建築関係法令集 法令編
定価：3,080円
判型：B5判

 建築士試験対策
建築関係法令集 法令編S
定価：3,080円
判型：A5判

 建築士試験対策
建築関係法令集 告示編
定価：2,750円
判型：B5判

 1級建築士学科試験対策
学科ポイント整理と確認問題
定価：3,850円
判型：A5判

 1級建築士学科試験対策
学科厳選問題集 500＋125
定価：3,850円
判型：A5判

 1級建築士学科試験対策
学科過去問スーパー7
定価：3,850円
判型：A5判

 2級建築士学科試験対策
学科ポイント整理と確認問題
定価：3,630円
判型：A5判

 2級建築士学科試験対策
学科厳選問題集 500＋100
定価：3,630円
判型：A5判

 2級建築士学科試験対策
学科過去問スーパー7
定価：3,630円
判型：A5判

 2級建築士設計製図試験対策
設計製図テキスト
定価：4,180円
判型：A4判

 2級建築士設計製図試験対策
設計製図課題集
定価：3,300円
判型：A4判

 宅建士試験対策
必勝合格 宅建士テキスト
定価：3,080円
判型：A5判

 宅建士試験対策
必勝合格 宅建士過去問題集
定価：2,750円
判型：A5判

 1級建築施工管理技士
第一次検定問題解説
定価：2,750円
判型：A5判

 2級建築施工管理技士
第一次検定・第二次検定問題解説
定価：1,870円
判型：A5判

 2級建築施工管理技士
第一次検定テキスト
定価：2,420円
判型：A5判

 Diploma×KYOTO
定価：2,200円
判型：B5判

 **DESIGN REVIEW**
定価：2,200円
判型：B5判

 **建築学縁祭オフィシャルブック**
定価：1,980円
判型：B5判

 **赤れんが卒業設計展**
定価：1,980円
判型：B5判

 構造デザインマップ 東京
定価：2,090円
判型：B5判変形

 **構造デザインマップ 関西**
定価：2,090円
判型：B5判変形

 **環境デザインマップ 日本**
定価：2,090円
判型：B5判変形

 **STRUCTURAL DESIGN MAP TOKYO**
定価：2,090円
判型：A5判変形

※定価は全て税込み

 お問い合わせ

総合資格学院 出版局
[URL] https://www.shikaku-books.jp/
[TEL] 03-3340-6714

私の選択は
間違ってなかった

選んだのは、合格者の50%以上が
進んだ王道ルートでした。

1級建築士
合格実績 No.1

平成26～令和5年度
1級建築士 設計製図試験

全国合格者占有率 10年間

54.8%

他講習
利用者
+
独学者 / 当学院受講生

全国合格者合計 36,470名中 / 当学院受講生 19,984名
（令和5年12月25日現在）

★学科・製図ストレート合格者とは、令和5年度1級建築士学科試験に合格し、令和5年度1級建築士設計製図試験にストレートで合格した方です。　※当学院のNo.1に関する表示は、公正取引委員会「No.1表示に関する実態調査報告書」に基づき掲載しております。　※全国ストレート合格者数・全国合

総合資格学院

東京都新宿区西新宿1-26-2
新宿野村ビル22階
TEL.03-3340-2810

合格実績No.1の
ヒミツを公開中!

スクールサイト
www.shikaku.co.jp
コーポレートサイト
www.sogoshikaku.co.jp

田中 道子 ♡

令和4年度 一級建築士合格

総合資格のおかげで人生変わりました。

総合資格学院イメージキャラクター
令和4年度 一級建築士試験合格
当学院受講生・俳優
田中 道子さん

令和5年度
1級建築士 学科+設計製図試験

全国ストレート合格者占有率

51.8%

他講習利用者＋独学者 ⬤ 当学院当年度受講生

全国ストレート合格者 **1,075名**中 ／ 当学院当年度受講生 **557名**
(令和5年12月25日現在)

令和5年度
1級建築士 学科試験

当学院基準達成 **当年度受講生合格率**

82.5%

全国合格率16.2%に対して **5倍以上**

8割出席・8割宿題提出・総合模擬試験100点以上達成
当年度受講生 **315名**中 ／ 合格者 **260名** (令和5年8月30日現在)

令和5年度
1級建築施工管理 第一次検定

当学院基準達成 **当年度受講生合格率**

90.6%

全国合格率41.6%に対して **2倍以上**

8割出席・8割宿題提出
当年度受講生 **255名**中 ／ 合格者 **231名** (令和5年7月14日現在)

建築技術教育普及センター発表に基づきます。 ※総合資格学院の合格実績には、模擬試験のみの受験生、教材購入者、無料の役務提供者、過去受講生は一切含まれておりません。

X ⇒「@shikaku_sogo」
LINE ⇒「総合資格学院」
Instagram ⇒「sogoshikaku_official」で検索!

開講講座 1級・2級 建築士／建築・土木・管工事施工管理／構造設計1級建築士／設備設計1級建築士／宅建士／インテリアコーディネーター／建築設備士／賃貸不動産経営管理士

法定講習 一級・二級・木造建築士定期講習／管理建築士講習／第一種電気工事士定期講習／監理技術者講習／宅建登録講習／宅建登録実務講習

北海道卒業設計合同講評会 2023

発行日　2024年2月29日
編著　　建築学生同盟 北海道組

発行人　岸 和子
発行元　株式会社 総合資格
　　　　〒163-0557　東京都新宿区西新宿1-26-2 新宿野村ビル22F
　　　　TEL 03-3340-6714（出版局）

　　　　株式会社 総合資格　　　　http://www.sogoshikaku.co.jp/
　　　　総合資格学院　　　　　　https://www.shikaku.co.jp/
　　　　総合資格学院 出版サイト　https://www.shikaku-books.jp/

編集　　　株式会社 総合資格 出版局（梶田悠月）
デザイン　株式会社 総合資格 出版局（志田 編）
印刷　　　株式会社 ホクシン

ISBN 978-4-86417-531-9
Printed in Japan